APRENDIZAJE

PROFUNDO

CON PYTHON

Guía completa para principiantes para aprender y comprender los reinos del aprendizaje profundo con Python

Tabla de contenidos

Introducción

Hay alrededor de mil y un escenarios sobre cómo el mundo podría terminar.

Algunos dicen que el mundo terminará con fuego, con un meteorito golpeando el planeta de la nada.

Otros creen que la mayor amenaza de la humanidad es la humanidad misma.

Y también hay quienes creen que sobreviviremos por nuestro proyecto más preciado, ambicioso y semejante a Dios: la inteligencia artificial.

Más allá de Terminator y Skynet, más allá de los programas de televisión que representan a los robots que se apoderan del mundo, más allá de Asimov y más allá de todas las obras de ficción sobre el tema, una cosa es para la certeza absoluta, la inteligencia artificial está aquí, está mucho más presente en su vida de lo que puede creo que lo es. Lo más probable es que también esté aquí para quedarse.

Sin embargo, la IA no debe ser percibida como una "existencia" malévola. Más que eso, la IA debe ser vista como una existencia que simplemente ayuda a la humanidad a avanzar.

Tal vez nunca podamos encontrar la solución para viajar más allá de la velocidad de la luz para descubrir si somos los únicos en el Universo, pero una IA muy inteligente podría.

Tal vez nunca podamos encontrar una cura universal para el cáncer, pero una IA muy inteligente podría.

Tal vez nunca podamos saber de quién venimos realmente, pero una IA muy inteligente podría.

Tome todas las preguntas que la humanidad ha tenido - una IA muy bien programada podría ser capaz de responder.

A diferencia de la inteligencia humana, la inteligencia de IA está en modo de autocrecimiento. Cuanto más aprende, más inteligente se vuelve, y es un ciclo interminable, casi infinito de información que se está filtrando a través de las redes de una IA que lo hace más potente.

Claro, todo es finito, y la inteligencia artificial no es una excepción. Pero aún así, incluso con los límites computacionales de 2019, una IA podría ser mejor para predecir una serie de resultados que cualquier otro humano.

La inteligencia artificial toma muchas formas y formas. En este punto de su evolución, el aprendizaje automático y el aprendizaje profundo son dos de las formas más comunes que adopta. Esto se debe principalmente a que estamos en un punto en el que hemos descubierto cómo crear redes de información que realmente se pueden filtrar y procesar tal como sería un proceso cognitivo *humano* normal.

Más allá de todas esas formas y formas de IA, sin embargo, todo este concepto se basa en algunas ideas básicas:

- La información es poder

- Las redes neuronales pueden imitar el cerebro humano

- Los programadores pueden crear programas de máquina que les permitan filtrar información de una manera específica, lo que les permite sacar conclusiones y hacer crecer su aprendizaje en base a eso

Con suerte, el libro en cuestión le ayudará a obtener una mejor comprensión del gran esquema del aprendizaje profundo - y más específicamente, cómo el aprendizaje profundo se conecta con Python, uno de los lenguajes de programación más populares del momento.

He estructurado el libro de una manera que te permite dar sentido a todo de la manera más lógica posible.

El primer capítulo trata de explicar Python, un lenguaje de programación que sigue creciendo en popularidad con cada año que pasa. Explicaremos por qué Python es un lenguaje de alto nivel, qué es un programa, cómo funciona la depuración y cómo los lenguajes de programación y los lenguajes "humanos" reales son mucho más similares (y definitivamente diferentes), de lo que podrían parecer.

Más adelante, vamos a pasar por qué Python es una buena solución para una amplia gama de aplicaciones y por qué tantos programadores, avanzados o no, recurren a este lenguaje cuando se trata de una gama muy generosa de opciones.

Aunque este libro no tiene como objetivo necesariamente ser un manual de Python, voy a dedicar un capítulo a enseñarte los fundamentos absolutos de la programación de Python, comenzando con la programación y lo que es, y no lo es, y terminando con los primeros pasos que debes hacer para crear un Python Programa.

A continuación, profundizaremos un poco más en cómo se organizan los elementos de Python. Este capítulo es muy importante porque te mostrará algunas de las principales características que conectan Python con el mundo del aprendizaje profundo. Que, como verás, puede llevarse muy bien con este lenguaje de programación muy específico.

La segunda mitad del libro cambia el enfoque de Python a la inteligencia artificial. En primer lugar, explicaremos qué es la inteligencia artificial y cómo se ve su paisaje actual. Luego, profundizaremos un poco más en el aprendizaje automático como una rama de la IA y, una vez hecho esto, profundizaremos un poco más en el aprendizaje en profundidad como una rama del aprendizaje automático en sí.

Eventualmente, comenzaremos a cerrar el círculo de nuevo a Python y explicaremos algunos de los conceptos básicos detrás de la programación de aprendizaje profundo, así como cómo la programación de aprendizaje profundo ocurre en Python en particular.

Debido a que el propósito principal de este libro es el de ayudarte a entender el aprendizaje profundo no sólo desde el punto de vista de un programador, sino a través del "filtro", de la programación en general, también dedicaré un último capítulo a un tema que considero muy importante para el und inteligencia artificial en general: la ética de la IA.

Te guste o no, la inteligencia artificial está sucediendo inequívocamente. Está aquí para quedarse, está aquí para cambiar tu vida tanto como cambiará la vida de tus padres y la de tus hijos.

El mundo avanza lentamente hacia un mecanismo totalmente automatizado en todos los aspectos. Pronto, nuestros hijos serán educados por la inteligencia artificial, y nuestros hospitales serán tan automáticos que apenas verá a un médico. Puede haber décadas, y tal vez incluso más que eso, antes de llegar a un punto en el que el toque humano se elimina por completo de la mayoría de las acciones diarias, pero que el futuro es tan plausible como la lluvia en un día de octubre.

Las cuestiones éticas que quiero abordar al final de este libro están ahí para ayudarle a entender que la IA definitivamente afectará algunas áreas de su vida, o de la vida de alguien que ama. Sin embargo, ten en cuenta que no pretendo asustarte, ni impedir que te conviertas en el mejor programador de aprendizaje profundo del mundo: el propósito de ese capítulo es ayudarte a convertirte en el mejor *y* más ético programador del mundo.

Como programador, estás trabajando en un campo que es tan emocionante, que formas el futuro mismo de la humanidad. Suena más grande que la vida y un poco dramático, pero eso no lo hace menos cierto. Y, como pionero de la última frontera tecnológica, usted debe estar entre los que alzar la voz y señalar la necesidad de la ética de IA ahora, antes de que sea demasiado tarde.

Finalmente, antes de sumergirnos en el libro real, quiero decir que usted debe esperar que el camino por delante de usted sea un poco accidentado. Python es, sin duda, uno de los lenguajes de programación más fáciles de aprender, precisamente porque es intuitivo y claro. Sin embargo, si quieres convertirte en un verdadero experto en esto, tendrás que ir más allá de los conceptos básicos presentados en este libro.

Al igual que con cada nuevo tema en tu vida, Python tendrá una curva de aprendizaje - pero, cuanto más aprendas y practiques, mejor será... y obviamente, cuanto mejor *te conviertas*. Python, el aprendizaje profundo y todo este mundo de inteligencia artificial pueden ser nuevos para ti, pero esa no es una buena razón para ser perezoso al respecto.

¡Practica, practica, practica! ¡Lee, lee, lee y luego vuelve a practicar!

Lo mismo que una máquina que aprende a pensar como un humano, tendrás que ser un humano que aprenda a pensar como una máquina. Así que sí, tiene sentido que la programación no sea una segunda naturaleza para ti. Pero también tiene sentido que te sientas curioso al respecto, sobre todo porque es realmente uno de los mejores trabajos para trabajar.

- Tiene una perspectiva de futuro clara

- Tiene mucho espacio en el mercado

- Le proporciona un montón de espacio para crecer

- Es bastante fascinante, especialmente en el contexto del aprendizaje profundo

Espero sinceramente que este libro te haga sediento de conocimiento y de práctica. Aunque no quería ahondar en los tecnicismos de Python y el aprendizaje profundo, espero que todo lo presentado en este libro sienta una base sólida para usted como futuro principiante en el mundo de la programación de aprendizaje profundo de Python.

No esperes que esto sea lo más fácil que hayas hecho. No esperes despertarte un día y ser capaz de programar intrincadas redes neuronales en aplicaciones inteligentes que ayudan a salvar vidas. No esperes hablar Python en 21 días como los correos electrónicos no deseados prometen que hablarás italiano y español.

Pero *espera que* Python cambie tu vida para mejor. Para ayudarle a encontrar un trabajo que es realmente emocionante en un campo que es francamente increíble. Para ayudarte a vivir una vida mejor financieramente. Para ayudarte a trabajar con personas increíblemente inteligentes. Para ayudarle a abrir las puertas al futuro y sentir que usted es parte de algo más *grande, mejor, más brillante.*

Espere que este libro cambie sus perspectivas sobre cómo funciona la programación moderna y por qué es perfecta de la manera en que es. Espera que este libro te ayude a *ganar*.

Espera que este libro sea el comienzo de tu futuro.

Capítulo 1

¿Qué es Python y cómo se utiliza?

Python es un lenguaje de alto nivel y propósito general utilizado en la programación. Aunque tiene casi tres décadas en este punto, Python es uno de los lenguajes de programación más recientes, y se utiliza en aplicaciones muy modernas. Como verá más adelante en este libro, Python es uno de los idiomas principales utilizados en el aprendizaje automático y el aprendizaje profundo.

La filosofía principal detrás de Python enfatiza su legibilidad del código, principalmente habilitada por el concepto de espacio en blanco significativo que se utiliza con frecuencia al programar con este lenguaje específico. Para ayudar a los programadores a escribir código lógico claro y sencillo, Python es una construcción de lenguaje que utiliza un enfoque orientado a objetos.

Aparte de sus conceptos básicos, Python también se considera que:

- Con tipo dinámico (lo que significa que ejecuta algunos comportamientos de programación en tiempo de ejecución, en lugar de lenguajes de programación con tipo estático que ejecutan los mismos comportamientos durante la compilación).

- Recogida de basura (lo que significa que funciona como un sistema de gestión automática de memoria, donde el recopilador recupera más objetos que el programa ya no está utilizando).

Python también es un lenguaje de programación que admite más de un paradigma de programación, como procedimientos, funcionales u orientados a objetos.

Debido a que viene con una biblioteca estándar muy grande, Python se conoce con mucha frecuencia como" "baterías incluidas". De hecho, es esta impresionante biblioteca estándar precisa la que hace de Python una preferencia en una multitud de aplicaciones.

La primera versión de Python fue lanzada a finales de la década de 1980 y fue creada por Guido van Rossum en los Países Bajos. Considerado como un sucesor del "antiguo" lenguaje ABC, Python también fue actualizado en 2000, cuando introdujo nuevas características - tales como comprensión de listas o la posibilidad de recoger ciclos de referencia utilizando un sistema de recolección de basura.

En 2008, Python se actualizó una vez más, pero su nueva versión no es totalmente compatible con versiones anteriores. En otras palabras, los códigos que se escribieron en Python 2 no se ejecutan bien en Python 3 - y por esta razón, Python 2 seguirá teniendo soporte hasta 2020.

Python fue dirigido por su inventor, Van Rossum, hasta 2018, cuando anunció sus vacaciones permanentes de ser el único desarrollador principal en la compañía. Por el momento, Python está dirigido por un llamado "Consejo Deralista", encabezado por cinco hombres: Brett Cannon, Barry Warsaw, Nick Coghlan, Carol Willing y el propio Van Rossum.

Aparte de la biblioteca ultra grande que Python viene con, su naturaleza multiparadigma hace que sea una opción común en el desarrollo de una gran cantidad de aplicaciones - algunos de los cuales son muy complejos.

En esencia, sin embargo, Python es relativamente fácil de aprender, especialmente si tiene al menos algunos conocimientos básicos de programación en este momento. Como verán a lo largo de este libro, las cosas pueden ser confusas en algún momento, pero les animo encarecidamente a que se adhieran al aprendizaje y sigan practicando. Cuantos más ejercicios realice en el arte de codificar con Python, mejor y más complejo será su código.

Los conceptos principales de Python se basan en el "Zen de Python", un documento que incluye una serie de aforismos, incluyendo los siguientes:

- Simple es mejor que complejo

- Hermoso es mejor que feo

- Recuentos de legibilidad

- Complejo es mejor que complicado[1]

... y así sucesivamente.

Claramente, Python se centra mucho en mantener las cosas claras y limpias en términos de cómo se estructura el código y cómo se ve una vez que se establece. Obviamente, no se trata de estética, sino de la voluntad de crear un lenguaje de programación que facilite

---

[1] PEP 20 -- El Zen de Python. (2019). Obtenido de
https://www.python.org/dev/peps/pep-0020/

que cualquier desarrollador de Python trabaje con un código cuando lo recojan y lo vean por primera vez.

Python también es bastante modular y extensible porque no todas sus funcionalidades están integradas en su núcleo. Esto hace que este lenguaje de programación sea común entre aquellos que quieren agregar interfaces de programación a las aplicaciones que ya existen.

Toda la filosofía de diseño de Python se basa en el concepto de que la sintaxis y la gramática deben ser tan desordenadas siempre que sea posible. Según Python, sólo debe haber una manera obvia de escribir código, a diferencia de otros lenguajes de programación, que admiten que hay más de una manera de escribir código. En la cultura Python, algo que es "inteligente", no es necesariamente sinónimo de "bueno".

Al final, Python se reduce a una característica muy importante: debería ser divertido de usar. Incluso su nombre se extrae de un grupo cómico (Monty Python), al que a veces también se hace referencia en tutoriales (por ejemplo, ejemplos que hablan de spam y huevos en lugar de "foo y bar", que también está relacionado con un boceto de Monty Python).

A veces, la comunidad python utiliza el término, "pythonic" - y esto significa que el código es natural, tiene fluidez, es legible, y que utiliza los modismos de Python correctamente, de acuerdo con la filosofía minimalista detrás de Python. Si algo es,"desmólico",por otro lado, significa que el código es difícil de leer o tiene una transcripción aproximada.

Para continuar la serie de divertidos ejemplos de juegos de comandos del mundo de Python, también añadiré aquí que los usuarios que admiran Python y lo utilizan a nivel experimentado a veces se llaman, "Pythonists," "Pythoneers, o"Pythonistas."

Con suerte, este libro le ayudará a dar un primer paso hacia convertirse en uno de los orgullosos portadores de uno de los grandes títulos antes mencionados!

Python como lenguaje de alto nivel

Se necesitarían varios libros, (tal vez una biblioteca completa), para explicar exactamente qué es Python y cómo funciona. Sin embargo, nuestro objetivo aquí es proporcionarle suficiente información para que tenga curiosidad, especialmente en el contexto del uso de Python para uno de los desarrollos más emocionantes actualmente trabajados en el universo tecnológico: el aprendizaje automático.

A un nivel muy, muy amplio, Python está relacionado con C, C++, Java y Pearl, todos los cuales son lenguajes de programación de alto nivel. Sin embargo, este lenguaje de programación en particular aporta mejoras en el panorama y complementa los otros en los programas de software complejos que empujan los límites de lo que la tecnología puede y no puede hacer.

Todos los programas de alto nivel tienen que ser procesados antes de que se puedan ejecutar en computadoras, ya que la mayoría de estas máquinas sólo, "hablar", idiomas de bajo nivel (también referidos a "idiomas de máquina").

El hecho de que los programas de alto nivel tienen que ser procesados antes de que se puedan ejecutar en los ordenadores es una de sus desventajas. Sin embargo, las ventajas tienden a superar las desventajas:

- Es más fácil escribir código de lenguaje de alto nivel

- Se necesita menos tiempo para escribir código de lenguaje de alto nivel

- Los códigos de idioma de alto nivel son más fáciles de leer y son más cortos (también, es más probable que sean correctos)

- Los lenguajes de alto nivel son más versátiles, ya que se pueden utilizar en diferentes tipos de ordenadores con poca o ninguna modificación (los lenguajes de bajo nivel no pueden hacer esto, ya que tienen que ejecutarse en un solo tipo de computadora y tienen que ser reescritos para trabajar en otro tipo de computadora)

Estas ventajas hacen que los lenguajes de alto nivel sean más propensos a ser utilizados por los programadores, mientras que los lenguajes de bajo nivel son utilizados normalmente por unas pocas aplicaciones. Hay dos tipos de programas que pueden procesar los lenguajes de alto nivel y hacerlos legibles por los equipos normales: intérpretes y compiladores.

Los programas de interpretación pueden leer programas de alto nivel y ejecutarlos, haciendo lo que dicen las instrucciones del programa. La forma en que lo hace es leyendo una línea a la vez y realizando los cálculos necesarios.

La compilación de programas puede leer el programa de alto nivel y traducirlos antes de que comiencen a ejecutarlo. Una vez compilado el programa de alto nivel, podrás ejecutarlo una y otra vez sin necesidad de traducirlo de nuevo.

Los programas Python utilizan programas de interpretación para ser ejecutados y lo hacen de dos maneras principales: a través del modelo de línea de comandos y a través del modo de script. En el primer caso, se escribe el programa Python y el intérprete imprimirá el resultado. Trabajar de esta manera suele ser conveniente tanto para el desarrollo de programas como para las pruebas, sobre todo porque puede escribir los programas y luego hacer que se ejecuten instantáneamente. Además, una vez que tenga un programa de trabajo, debe almacenarlo como un script y ejecutarlo / modificarlo a su propia voluntad en el futuro.

Entonces, ¿qué es un programa, de todos modos?

Si alguna vez has usado una computadora, no hay ninguna posibilidad en el mundo de que te perdiste el término, "programas". Lo más probable es que, si usted está leyendo este libro, usted está al menos vagamente familiarizado con la programación en general y esta no es la primera vez que ha oído hablar de "programas", (o incluso Python).

Sin embargo, para una mayor comprensión de lo que Python es como un lenguaje ming *de programa,* es necesario volver a las raíces un poco y proporcionar una explicación básica de qué son los programas y cómo funcionan. Independientemente de si el concepto sólo es vagamente familiar para usted o si tiene toneladas de experiencia en otros lenguajes de programación, es importante pasar por estos conceptos básicos (y tal vez ligeramente aburridos), una vez más.

Por lo tanto, un programa se puede definir como una secuencia de instrucciones que se escriben para especificar, (en un equipo), cómo ejecutar un cálculo. Puede ser algo matemático, como resolver una ecuación, o puede ser algo simbólico, como buscar / reemplazar un fragmento de texto en un documento.

Diferentes idiomas usarán vocabulario, sintaxis y gramática diferentes para crear los detalles de cómo se construye un programa. Sin embargo, hay algunas instrucciones comunes a la mayoría de los idiomas utilizados por los programadores:

- El método de entrada del programa (puede obtener los datos de un teclado, un dispositivo o un archivo)

- Mostrar los datos en pantalla (o reenviarlos a un archivo/un dispositivo diferente)

- Matemáticas (realizar operaciones matemáticas básicas)

- Asegurar que se cumplan ciertas condiciones

- Ejecutando la secuencia correcta de instrucciones

- Realizar algunas acciones repetidamente (con algún tipo de varianza)

Suena simple, ¿verdad?

La mayoría de la gente piensa en la programación como un procedimiento muy intrincado y aunque puede no ser fácil, especialmente en niveles muy avanzados, la programación no es más que escribir una serie de instrucciones que las computadoras pueden leer y entender, utilizando un lenguaje con su propio vocabulario, sintaxis y gramática.

La programación divide las tareas grandes en tareas más pequeñas hasta que se pueden realizar de acuerdo con las instrucciones básicas. Eso puede ser, tal vez, por lo que los estilos de gestión de proyectos como Scrum son muy populares en las empresas de desarrollo de software - dividen las tareas grandes en otras más pequeñas de la misma manera que un programador desglosa las tareas que un programa tiene que ejecutar en otras más pequeñas.

¡Aplasta a ese bicho!
No hace falta decir que los insectos de la vida real no tienen nada que ver con los programadores - pero el hipo en cualquier programa puede ser terriblemente molesto, tanto para los usuarios finales como, a veces, para el propio programador.

La programación es muy humana. Sí, los programas pueden ser ejecutados por computadoras - pero, hasta que se desarrolle algún tipo de IA similar a Skynet (esperemos que nunca *de esa* manera), detrás de todas esas líneas interminables de códigos están los ingenieros que son, al final del día, *humanos*. Por lo tanto, son propensos a cometer errores y errores.

Ahí es donde se inicia el proceso de depuración. Para garantizar que un programa es totalmente funcional y útil para los usuarios finales, los programadores suelen ser respaldados por un equipo adyacente de especialistas en control de calidad que detectan errores y los señalan a los programadores que deben ser aplastados. La parte de depuración cae en la vuelta de los programadores que escribieron el código en primer lugar y es una parte extremadamente importante de su trabajo porque le permitirá asegurarse de que todos sus programas se ejecutan correctamente.

Hay tres tipos principales de errores que pueden ocurrir en cualquier tipo de programa:

1. *Sintáctica*

En Python, un programa solo se puede ejecutar si es sintácticamente correcto (si no lo es, se devolverá un mensaje de error). En términos básicos, la "sintaxis", de un código, se compone de la estructura y las reglas estructurales de un programa.

Compara esto con el inglés. En el idioma inglés, siempre debe comenzar una oración con una letra mayúscula. Las excepciones son obras de literatura o poesía en las que el autor decide intencionalmente comenzar sin una letra mayúscula porque envía un mensaje específico a través).

Cuando escribes una oración en inglés, no recibes un mensaje de error cuando cometes un error sintáctico. Sin embargo, no es lo mismo para Python. Si se produce un error en el código, Python le enviará un mensaje de error y no podrá ejecutar el programa.

Esas son buenas noticias, en realidad, porque significa que sabrás que has cometido un error cuando lo hagas, y tus programas no se ejecutarán de una manera defectuosa. Sí, lo más probable es que cometa muchos errores sintácticos cuando comience con Python, pero, al igual que con el inglés, mejorará en esto con la práctica.

2. *Ejecución*

Hay algunos errores que conducen a los llamados "errores de tiempo de ejecución". A diferencia de los errores sintácticos, estos errores no se señalarán hasta que se ejecute el programa. La mayoría de las veces, estos tipos de errores son muy raros cuando eres un principiante en Python porque cuando estás empezando con este lenguaje de programación, trabajarás principalmente con programas más simples.

3. *Semántica*

Después de una breve incursión en el mundo más técnico de los errores de tiempo de ejecución, volvemos a motivos más familiares. En la linguística, la semántica trata del significado (significados de las palabras y las relaciones entre ellos). En la lógica, la semántica se ocupa del sentido, la referencia, la implicación y la presunción.

En programación, la semántica trata con el significado detrás de cada instrucción que le das a un ordenador. Por lo tanto, cuando se produce un error semántico al escribir el código, el programa *se* ejecutará, pero no hará lo que quería que hiciera.

Identificar errores semánticos es, tal vez, una de las cosas más difíciles de hacer al depurar un programa porque tendrá que ejecutar todo hacia atrás y realizar ingeniería inversa del código hasta que detecte ese error que hizo que el programa se ejecutara de manera diferente a la que querías.

La depuración puede sonar horrible (especialmente si se piensa en el concepto de *cosas* molestas). Sin embargo, una vez que te acostumbres a un lenguaje de programación, encontrarás que la depuración es una de las partes más desafiantes e interesantes de tu trabajo. Es, en muchos sentidos, como jugar detective contra errores de código: rastrearlos, hacerse las preguntas correctas, encontrar pistas y, finalmente, encontrar una solución para resolver el problema.

Lo más probable es que usted tendrá que crear varias hipótesis y probarlas antes de encontrar la que es correcta y que le ayudará a solucionar el error en su programa.

La depuración es, en sí misma, una forma de programación experimental - y no debe confundirse con la prueba de calidad real. Un programador podría no ser el que ejecuta pruebas de calidad (ya que un especialista en control de calidad muy probablemente se ocupará de esto), pero el programador siempre será el que experimente con varias soluciones para encontrar la correcta.

Idealmente, la depuración debe ocurrir a medida que avanza - por lo que, cada vez que termine una parte de su programa, será completamente funcional hasta ese punto.

La relación entre el lenguaje y el lenguaje de programación

Como se mencionó anteriormente, la programación y el juego con palabras como escritor son muy similares en muchos sentidos: ambos utilizan la semántica para transmitir significado, sintaxis para proporcionar estructura, y ambos quieren enviar un mensaje. En el caso de la comunicación escrita, el mensaje se dirige a otro ser humano (o a un grupo de ellos). En el caso de la programación, el mensaje es una instrucción dirigida a un equipo.

La principal diferencia entre los lenguajes de programación y los lenguajes "humanos" radica en el hecho de que los primeros son lenguajes formales, mientras que los segundos son lenguajes naturales. En otras palabras, las lenguas "humanas" son naturales - ocurrieron naturalmente, nadie, los "fabricaba". Los lenguajes de programación, por otro lado, fueron creados por los seres humanos - ergo, son, "formales".

Los lenguajes de programación no son los únicos lenguajes formales que existen. Por ejemplo, los símbolos y notaciones específicos utilizados por los matemáticos es también un lenguaje formal creado para denotar las diferentes relaciones entre números y símbolos. Del mismo modo, los químicos utilizan un lenguaje formal propio.

Debido a que son hechos por el hombre con propósitos muy específicos, los lenguajes formales tienden a ser bastante estrictos con las reglas, en particular las reglas de sintaxis. Sin estas reglas, estos idiomas no tienen sentido. Si bien es posible que tenga flexibilidad sobre cómo jugar con las palabras y su orden en inglés, por ejemplo, y todavía sea capaz de transmitir algún tipo de significado, esto no es cierto con los idiomas formales.

Tomemos, por ejemplo, "1+1-2". En matemáticas, esta es una declaración correcta. Sin embargo, si lo modificamos en, "1 /2", no tendría sentido. Del mismo modo, "CO2" se utiliza en la química para nombrar dióxido de carbono, pero se le iba a llamar, "2cO", ya no tendría sentido.

Hay dos categorías de reglas sintácticas:

1. Fichas: los elementos muy básicos de un lenguaje (palabras, elementos químicos, etc.)

2. Estructura: la forma en que se organizan los elementos (tokens)

Volviendo a la analogía hecha con lenguajes "humanos" (como los llamábamos anteriormente), si escribes una oración sin los tokens o la estructura correctos en ella, no tendrá sentido. El proceso a través del cual se calcula la estructura de la frase se llama , "análisis."

Por ejemplo, tomemos la frase: "Me gusta más *El Señor de los Anillos* que *Harry Potter.* "Más o menos conscientemente, analizarás esta frase y determinarás que "yo" es el sujeto, "me gusta" es el predicado, y, "El *Señor de los Anillos"* y *"Harry Potter"* son complementos. Puede que no divida conscientemente la frase en sus elementos básicos, pero el análisis le ayudará a extraer el significado de la oración, (suponiendo que sepa de qué se trata los dos títulos, por supuesto).

Los lenguajes formales y naturales tienen, como se muestra arriba, un montón de cosas en común. Sin embargo, también son muy diferentes, y las principales características que distinguen entre ellas incluyen las siguientes:

- Ambiguidad (las lenguas naturales pueden ser muy ambiguas y pueden confiar en información contextual, mientras que los lenguajes formales son casi siempre inequívocos)

- Redundancia (para reducir cualquier tipo de malentendidos, los lenguajes naturales son muy frecuentemente redundantes, mientras que los lenguajes formales son más concisos)

- Literalidad (las lenguas naturales emplean modismos y metáforas que cambian el significado de las declaraciones, mientras que las lenguas formales sólo significan lo que dicen)

La mayoría de las personas utilizan las características antes mencionadas del lenguaje natural sin darse cuenta de que lo hacen. No tienes que ser escritor para usar un modismo en las discusiones cotidianas, y no necesariamente tienes que ser un poeta para decir que tú,"te sientes azul".

La programación como lenguaje formal, sin embargo, no viene naturalmente a los seres humanos (al igual que cualquier otro lenguaje formal no lo hace). Es por eso que es importante que practiques y practiques en exceso todo lo que aprendas en términos de lenguajes formales, independientemente de si se trata de matemáticas, química o programación.

Algunas de las cosas que puede hacer para que le resulte más fácil leer programas y otros idiomas formales incluyen las siguientes:

- Acepte que sólo toma más tiempo para leer idiomas formales, precisamente porque son más densos que los lenguajes naturales.

- Recuerde que la estructura del lenguaje es crucial, por lo que no puede leerlo de arriba a abajo, por ejemplo.

- Tenga en cuenta que los detalles pueden hacer una gran diferencia. A veces, un error tan pequeño como un marcado de puntuación o un problema ortográfico puede hacer que su programa sea defectuoso. Este tipo de errores puede no ser un gran problema en los lenguajes naturales, pero cuando se trata de programación y lenguajes formales, pueden poner completamente sus esfuerzos patas arriba.

¡Hola mundo!

"Hola, Word!" es el programa más simple y más corto escrito en cualquier idioma.

Esta no es una información nueva para cualquiera que haya tratado en la programación antes, y podría no ser nueva para la mayoría de las personas fuera del ámbito de la programación también.

Lo que podría ser nuevo, como siempre, es que, "¡Hola, mundo!" puede probar que Python es extremadamente fácil de entender y que una vez que aprendes lo básico, el mundo es tu ostra. En resumen, en Python, a, "¡Hola, Word!" mensaje que se muestra en la pantalla es el equivalente de la *impresión, "Hola, mundo!"* en Python. Por supuesto, las comillas no se mostrarán en la pantalla - sólo marcan el principio y el final de un valor, igual que <> y </> marca el principio y el final de un valor en HTML.

Python – El lenguaje de conexión

Muy a menudo, Python se utiliza como un lenguaje de conexión - lo que significa que puede conectar diferentes componentes de una aplicación de software (y ayuda a hacer esto de una manera flexible y sin problemas). Además, Python también se utiliza como un lenguaje "guía" (porque los módulos de Python se pueden utilizar para controlar las operaciones en un nivel inferior).

Python es una excelente opción para todos, incluso aquellos que son completamente nuevos en la programación - y en estos días, sucede con bastante frecuencia que Python es el primer lenguaje de programación de la gente. Hay dos razones principales para esto: Python es relativamente fácil de aprender porque es muy lógico y limpio y, al mismo tiempo, Python puede ser una "puerta" hacia los lenguajes de programación más sofisticados que existen.

En muchos sentidos, Python es una versión simplificada de C y Pascal. De hecho, es tan fácil entender que incluso alguien que no ha visto una línea de código en toda su vida será capaz de dar sentido a lo que Python es, "diciendo". No hay símbolos incómodos y extraños utilizados en Python (sin corchetes, sin signos de dólar y sin tildes). Las reglas de sangría son fáciles y limitan la probabilidad de errores generados por este tipo de problemas.

En comparación con otros lenguajes de scripting fáciles (lenguajes de secuencias de comandos Unix escalables, por ejemplo), Python puede manejar más tareas, de manera más eficiente, sin complicar el script y permitirle reutilizar el código. Python es *escalable* y modular: puede conectar nuevos componentes simplemente utilizando los códigos que ya tiene. Aún más, este lenguaje de programación le permitirá dividir el código en diferentes módulos y reutilizarlos en cualquier otro programa Python.

Python le permitirá utilizar módulos estándar, que se pueden utilizar en otros programas de Python. Además, Python también le permitirá utilizar otros lenguajes de programación dentro de su programa. Por ejemplo, si tiene que escribir un pasaje complejo en

C y no está tan familiarizado con este lenguaje de programación, Python puede ayudarlo.

Python le permite utilizar expresiones complicadas fácilmente, utilizando una sola instrucción. Por ejemplo, este lenguaje de programación le permitirá utilizar listas y diccionarios (matrices de tamaño variable, respectivamente tablas hash) sin variables y sin declaraciones de argumento. Una vez que se ha asignado un valor a un nombre, este lenguaje de programación asumirá automáticamente todo correctamente. Todo esto minimizará el tiempo y la cantidad de esfuerzo que un programador necesita para implementar funcionalidades en un programa. El tamaño del código en sí también se reducirá, por lo que es más legible y más fácil de entender por quién se sumerja en él.

Otros lenguajes de programación son más complejos, especialmente porque requieren ciertas estructuras de datos y punteros. Además, la programación orientada a objetos es obligatoria en lenguajes de programación como C, pero no está en Python (puede ser útil, pero todavía puede usar el lenguaje sin él y aprender OOP más adelante).

Aún así, Python es un lenguaje genuino orientado a objetos, ya que todos sus componentes son objetos e incluso puede crear jerarquías de clases basadas en estos objetos. Además, cada atributo de objeto tiene una notación de atributo de nombre. En tiempo de ejecución, el atributo se determina de forma dinámica.

Python es polimórfico en el sentido de que los objetos invocables aceptan diferentes tipos de argumentos (opcional, palabra clave, etc.) En este paradigma, un operador puede tener una variedad de significados, dependiendo de los elementos a los que se hace referencia. Esta es precisamente la razón por la que se pueden implementar operaciones complejas mediante declaraciones cortas de Python

Otra característica que hace que Python sea más fácil de trabajar es el hecho de que, cuando se interpreta, puede admitir una compilación de bytes. Esto significa que los programas de Python se pueden ejecutar, se pueden depurar y se pueden probar a través del intérprete de Python de una manera interactiva.

Hay muchas otras complejidades del lenguaje de programación Python que lo convierten en una opción genuinamente buena para principiantes y programadores avanzados por igual. Las mismas características hacen de Python un componente casi indispensable de la programación de aprendizaje automático, empujando el lenguaje de programación de tres décadas en el futuro de la tecnología computacional.

No voy a mentir aquí: Python no es tan fácil de aprender como cualquier idioma extranjero. Para poder, "hablar" Python, es necesario construir un terreno sólido sobre lo que es primero y cómo funciona - pero tal vez incluso más que eso, es necesario cambiar su mentalidad y crear el tipo de procesos de pensamiento que le permiten comunicarse con las computadoras. Ambos, "fundamentales" detrás de Python son los principales objetivos de este libro así que quédate a través de él y sin duda te familiarizarás más con Python, especialmente en el contexto del aprendizaje automático y el aprendizaje profundo.

Python: Una solución moderna

Python se utiliza con mucha frecuencia en estos días por todas las razones explicadas en las partes anteriores de este capítulo pero si tenemos que clavar una característica de Python que lo hace muy popular entre los programadores de todo tipo, es la velocidad a la que se puede codificar en este idioma. Python está, después de todo, oficialmente clasificado como un rápido desarrollo de aplicaciones (RAD) por lo que ofrece bien que se ajuste a una era de plazos ajustados y alta productividad.

Además, Python es bastante potente (se puede imaginar que, dado que se utiliza en desarrollos de aprendizaje automático) y muy claro. Muy a menudo, Python pega las piezas más pequeñas de una aplicación de software grande. Se utiliza en varias plataformas, en productos de middleware, así como en dominios de aplicación. Tiene el papel principal de integración del diseño en grandes aplicaciones que se utilizarán durante un largo período de tiempo.

Aún más, si cambian los requisitos del usuario, Python permite a los desarrolladores cambiar rápidamente el código.

El mercado necesita desarrolladores de Python de forma constante - así que si necesita cualquier tipo de motivación para ensuciarse las manos con este lenguaje de programación, esto debe ser lo suficientemente fuerte (aparte del hecho de que las ciencias de datos y el aprendizaje automático son campos bastante emocionantes para trabajar en, por supuesto).

A pesar de su fama y su amplia facilidad de uso, Python no es difícil de aprender y la elegancia y simplicidad de sus códigos lo convierten en una de las mejores opciones para muchos programadores, así como para empresas de software.

Capítulo 2

Los fundamentos absolutos de Python

No tendría sentido empujarte a un grupo de conceptos de Python sin enseñarte a nadar primero.

Y con el fin de nadar en la piscina de (muy rico, mente) Conceptos de Python, primero debe acostumbrarse a sus conceptos básicos.

Python tiene muchas características, de hecho. Pero eso no debería asustarte, como se explica a lo largo del primer capítulo, Python es realmente uno de los lenguajes de programación más fáciles de aprender (e incluso los principiantes completos pueden captar sus complejidades muy rápidamente).

Programación de Adán y Eva

Para entender cómo funciona Python, primero debe entender cómo funciona la programación. Nos sumergiremos en las aguas de la programación en el primer capítulo, cuando explicamos lo que es realmente un programa, pero en este capítulo, aprenderás las "reglas" básicas que rigen el mundo de la programación (independientemente del lenguaje que puedas elegir usar).

La programación no es operación de computadora

Una cosa es poner en marcha tu ordenador y fingir que estás trabajando mientras navegas por las últimas ofertas de eBay y es completamente diferente para iniciar tu ordenador y *código*. La diferencia radica no sólo en la cantidad de trabajo real involucrado, sino en cómo se utiliza el propio ordenador.

La mayoría de las personas en estos días pueden usar una computadora para operaciones básicas. Afortunadamente, el software es cada día más fácil y más fácil de usar, por lo que incluso las tareas complejas se pueden manejar mucho más fácil que lo que solían estar de vuelta cuando las computadoras no eran tan populares.

Sin embargo, no todo el mundo puede codificar un software - no porque la gente no tiene la capacidad de hacerlo o porque usted necesita ser algún tipo de genio para hacerlo (no de *ninguna manera* como eso), sino porque la mayoría de la gente no habla los lenguajes de programación.

Los programas de software son, en muchos sentidos, traductores que ayudan al usuario promedio a interactuar con las obras internas desconocidas, casi mágicas de un ordenador. Así, como programador de software, tendrás que meta-traducir todo en lenguajes informáticos (Python, por ejemplo).

Cuando se codifica un programa, se controla el equipo. Los resultados de su control pueden no ser siempre lo que espera, pero aún así, un segundo, tercer o cuarto intento definitivamente le llevará allí.

Cuando trabajas en una computadora, a veces puedes sentir que tanto tu computadora como tu trabajo están siendo controlados por pequeños enanos maliciosos que viven en las líneas de electricidad que alimentan tu oficina.

Como programador, sin embargo, va a pasar esta falta de comprensión y pronto comenzará a ver por qué algunos ordenadores y algunos programas se ejecutan tan mal como lo hacen (alerta de spoiler: la mayoría de las veces, se trata de construir software en la parte superior del software en la parte superior del software , todos los cuales son poco fiables en la naturaleza).

La programación no es ingeniería per se

OK, así que hemos establecido el uso de computadoras y la programación de computadoras son extremadamente diferentes.

Otra cosa importante que usted debe entender antes de profundizar en el mundo de la codificación es que la programación no es real, la ingeniería de hardware. Puede ser tan impactante para usted, pero muchos programadores no tienen mucho conocimiento sobre cómo se construyen las memorias RAM o cómo ha evolucionado el intrincado proceso de construcción de CPU en las últimas dos décadas. Eso es para los ingenieros de hardware (y, tal vez, los aficionados al hardware que consumen cada pequeña pieza de contenido bajo el Sol sobre cómo funciona todo esto)

34

La programación en muchos idiomas puede necesitar que tengas un fondo de ingeniería sólido, pero cuando se trata de Python, no necesitas eso, ya que se trata de un lenguaje interpretado. En otras palabras, no habrá secuencias interminables de 0s y 1s en su futuro y no habrá filas de códigos similares a Matrix que no tengan ningún sentido.

Python te permitirá usar palabras reales, pero en un lenguaje simplificado, un lenguaje que puede ser entendido por todo el mundo. Como decía en el capítulo anterior, incluso alguien que no ha leído una línea de Python en sus vidas todavía será capaz de dar sentido a Python.

A diferencia del inglés (o cualquier otro lenguaje "humano"), Python no tiene las complejidades de la comunicación con otros seres humanos. Las computadoras no consiguen metáfora, no usan connotaciones, y no están malhumoradas - así que una vez que hayas dominado el idioma para hablar con ellos, podrás conseguirles lo que quieres que hagan (incluso si se necesitan múltiples intentos).

Claro, los programas de software que todos usamos en estos días son complejos - pero detrás de todas esas características de lujo, computadoras y la programación que los hace ejecutar no han cambiado *tanto*. Se han vuelto más rápidos en términos de hardware y pueden hacer mucho más en términos de software, pero aún así, los conceptos básicos siguen siendo más o menos los mismos de una manera similar, los coches son más o menos lo mismo que solían ser cuando salieron también por primera vez.

La programación ha permanecido y siempre será consistente

Hay una computadora secreta no tan secreta y la informática se han utilizado para permanecer como similar a sus bisabuelos y eso es consistencia. Para usted como programador, esto significa que siempre debe dar instrucciones muy específicas para que un programa haga lo que desea que haga. Sin estas instrucciones, un programa no decidirá arbitrariamente qué hacer.

Además, los programas no deciden si quieren o no hacer algo. Puede ser así con los humanos que tienen su propia fuerza de voluntad y conciencia, pero, afortunadamente, las computadoras. Claro, probablemente has visto un millón de películas que describen la inteligencia artificial que se ha vuelto autosuficiente y toma sus propias decisiones (la mayoría están relacionadas con llevar a la humanidad al polvo). Pero incluso *si* esto es posible (porque hay un duro debate allí), todavía estamos muy lejos de eso. Y no, como programador que trabaja con el aprendizaje automático, usted no está habilitando esto de ninguna manera. Discutiremos más sobre esto hacia el final del libro, cuándo abordaremos el aprendizaje automático, lo que es y los beneficios de usarlo.

De vuelta a Python, sin embargo. Una de las razones que lo hace tan común en los grandes programas de software es porque permite a los desarrolladores crear bloques de código muy bien definidos y bien comportados. Estos bloques de código se conocen profesionalmente como "objetos" (y Python es, como se mencionó anteriormente, un lenguaje de programación orientado a objetos).

Una buena programación deja espacio para los cambios

La principal ventaja de utilizar lenguajes de programación basados en objetos está relacionada con el hecho de que se puede desconcertar fácilmente juntos y hacer que funcionen. Si desea eliminar una característica en particular o incorporar una nueva, esta filosofía basada en objetos le permitirá hacerlo fácilmente sin modificar el resto del código que no está relacionado con esa característica en particular.

Otro concepto que debe entender es que los programas deben ser capaces de adaptarse a los cambios de la vida real. Construir un software que no se adapte a las necesidades de la vida real significa construir un software que tendrá una vida a corto plazo en cuántas personas lo usan. Te guste o no, las necesidades de la vida real cambian - y tus programas absolutamente necesitan ser capaces de adaptarse a estas nuevas situaciones. Para usted como programador, esto significa que su trabajo nunca se hace completamente - lo que es a la vez una ventaja y una desventaja. Por un lado, significa que incluso después de que un software se entrega / poner en uso, usted todavía tendrá trabajo que hacer. Por otro lado, significa que usted debe acostumbrarse a la idea de que no existe tal cosa como, "programa perfectamente elaborado", precisamente porque tendrá que ajustarse a algún tipo de cambio tarde o temprano.

Python es una excelente herramienta de programación cuando se trata de todos estos cambios necesarios porque te permitirá crear programas que realmente expliquen al usuario qué falló en la operación que quería ejecutar y por qué.

La programación es divertida

Realmente lo es. No importa cuál sea su experiencia profesional en este momento, definitivamente puede confiar en el hecho de que la programación es divertida. Es la combinación entre hablar un idioma diferente e interactuar con "alguien" que siempre hará lo que usted quiere que hagan (siempre que les dé las instrucciones correctas).

Eso no significa que los accidentes no ocurran. Lo hacen. Incluso los programadores más experimentados cometen errores de codificación que bloquean el software y lo hacen, si no completamente inutilizable, entonces al menos defectuoso.

Los primeros pasos en el mundo de Python

Si alguna vez has aprendido un idioma extranjero, lo más probable es que hayas comenzado con algún tipo de manual (o, en los días más modernos, una aplicación de software).

En Python, aparte de los manuales reales que usarás, también tendrás que establecer el "paisaje" que te permitirá comunicarte con tu ordenador (apuesto a que siempre quisiste hacer esto, ¿verdad?).

Encuentra tu Python un hogar

Lo primero que tienes que hacer es encontrar un hogar para todos los códigos impresionantes que escribirás de aquí. En otras palabras, debería encontrar un editor de código Python. Al principio, querrás algo simple, ya que lo más probable es que no quieras crear programas complejos de inmediato. Por lo tanto, no necesitará mucho más que el Shell de Python o IDLE.

A medida que tenga más experiencia, querrá buscar un editor de código que sea un poco más complejo y le permita jugar con más código sin perder su dirección y significado. Hay dos categorías de editores de código que puede examinar en este punto: los dedicados específicamente a Python y los editores de código más generales que le permiten trabajar con algo más que Python. La primera categoría suele tener el nombre de "editor de código dedicado", mientras que la segunda suele llamarse "IDE" (o "Entorno de desarrollo integrado").

Los IDE normalmente incluirán lo siguiente:

- Editor de código (con características como resaltado de sintaxis, por ejemplo)

- Herramientas que le permiten crear, ejecutar y depurar código

- Herramienta(s) para ayudarle a controlar el código fuente

Dado que los IDE están diseñados para admitir varios tipos de lenguajes de programación, puede tardar un poco más en descargarlos, así como instalarlos. Además, dado que son complejos, es posible que deba ser más avanzado en el arte de la programación para operarlos correctamente.

Los editores de código dedicados, por otro lado, pueden ser extremadamente simplistas. Pueden ser herramientas simples de edición de texto con formato de código y características de resaltado de sintaxis incorporadas en ellas. Además, también vendrán con algún tipo de controlador de depuración y características de ejecución de código, así. Debido a la simplicidad de estos pequeños programas, por lo general son más fáciles de descargar, instalar y operar - por lo que podrían ser la mejor opción para alguien que todavía es un principiante en la programación con Python (u otro lenguaje de programación, para el caso).

Al igual que nos gusta nuestro café de manera diferente, diferentes programadores como diferentes editores de código. A medida que te vuelvas más experimentado en esto, tú también comenzarás a crecer, "favoritos". Hasta entonces, sin embargo, hay algunas características que probablemente debería saldría cuando se trata de su editor (porque estas características sólo harán que su proceso de aprendizaje y su trabajo sea más fácil). Las características a tener en cuenta incluyen las siguientes:

- La capacidad de guardar archivos de código

- La capacidad de recargar archivos de código

- La capacidad de ejecutar sus códigos directamente desde el editor

- Algún tipo de compatibilidad con la depuración (por ejemplo, poder pasar por el código mientras se ejecuta)

- El resaltado automático de la sintaxis

- El formato automático del código

Estas son, por así decirlo, las necesidades básicas de un buen editor de código. A medida que tenga más experiencia en la programación con Python, lo más probable es que comience a buscar otras características también - pero por ahora, cualquier cosa que cumpla con los criterios antes mencionados es lo suficientemente bueno.

Comprender las cuerdas

Al igual que las palabras son la unidad básica en la comunicación escrita, la unidad básica de texto al editar en Python son *cadenas*. Una característica que hace que las cadenas sean diferentes en Python (en comparación con otros lenguajes de programación) está relacionada con el hecho de que, en Python, una letra se puede considerar como una cadena de una letra.

En Python, las cadenas se marcan con símbolos de comillas. Debido a que los símbolos de comillas se utilizan en inglés normal y cotidiano (y en cualquier otro idioma), tendrá que decirle al editor de código que está hablando con él, no con los seres humanos que eventualmente usarán su programa. Para hacer esto, tendrás que usar lo que se llama un "carácter de escape". En Python, el carácter de escape es una reacción,"a" . Por lo tanto, si tiene que utilizar comillas para el texto real que se muestra en la pantalla al usuario final, también tendrá que utilizar una reacción para indicar al editor que está cambiando el destinatario de su comunicación.

Aparte del concepto del carácter de escape, hay algunas reglas básicas para usar cadenas en Python - y las más importantes son las siguientes:

1. Acceso a subcadenas. Dado que Python no admite el uso de un tipo de carácter, normalmente se tratan como cadenas y subcadenas. Para obtener una subcadena, debe segmentar el índice que está intentando subcadenar mediante corchetes.

2. Python le permite cambiar una cadena existente asignando (o reasignando) una variable a una cadena diferente. El nuevo valor puede ser completamente nuevo (una cadena diferente por completo) o se puede conectar a su valor anterior.

3. Los caracteres de escape difieren según los caracteres no imprimibles que desee presentar. Algunos ejemplos incluyen:

   - Se utiliza para el retroceso

   - En lugar de control-x

   - En lugar de escapar, se utiliza

   - Se utiliza en lugar de espacio

   - Se utiliza el valor de "t" en lugar de la pestaña

4. Hay algunos operadores de cadena especiales que le permitirán trabajar "mágico" en Python:

- \+ se utiliza para agregar los valores y conectarlos entre sí (por ejemplo, si, "a" es, "Hola" y b es, "Mundo", una cadena formada por a+b se imprimirá, "HelloyPython").

- * se utiliza para la repetición (por lo que a *4 se mostrará, "HelloHelloHelloHello")

- [ ] se utiliza para cortar, para darle el carácter de un índice específico (por lo que a[1] se mostrará, "e" en la pantalla)

- [:] se utiliza para cortar de un rango determinado (por lo que a[1:4] se imprimirá, "ell"

Estos son solo algunos de los operadores especiales básicos, y se pueden utilizar en una variedad de contextos para ayudarle a escribir código que hace más (y tiene más sentido).

5. También hay algunos operadores de formato de cadena que usará con frecuencia. El más importante es %. Utilizado en diferentes combinaciones, hará diferentes cosas, por ejemplo:

- %c es un carácter

- %i es un entero decimal con signo

- %o es un entero octal

- %x es un entero hexadecimal

- %e es una notación exponencial

6. Hay algunos otros símbolos utilizados en las cadenas de Python, como, por ejemplo:

  - * se utiliza para especificar la anchura y la precisión

  - \- se utiliza para la justificación izquierda

  - 0 se utiliza para rellenar con ceros, desde la izquierda (en lugar de usar espacios)

  - <sp> se utiliza para dejar un espacio en blanco (cuando lo necesita antes de un número positivo)

7. Las comillas triples se utilizan a veces en Python. Permiten que diferentes cadenas se abarquen a través de más de una línea.

8. Python también le permite utilizar cadenas unicode, lo que le permitirá utilizar más tipos de caracteres (incluidos los caracteres utilizados en algunos idiomas de todo el mundo).

9. Por último, pero no menos importante, una cosa muy importante que debe saber acerca de las cadenas es que este lenguaje de programación tiene métodos de cadena integrados específicos, tales como:

  - capitalizar() capitalizará la primera letra de una cadena dada

- centro (ancho, fillchar) devolverá una cadena con pads de espacio, que contiene la cadena original centrada en columnas de ancho específicas (según las instrucciones)

Estos son solo ejemplos de cómo se utilizan las cadenas y la terminología específica que debe usar al escribirlas - hay mucho más en las cadenas de Python que estos ejemplos. El objetivo principal aquí era mostrarle cómo funcionan las cadenas, para que obtenga una mejor comprensión de cómo se construyen los programas Python. A medida que aprenda comandos de cadena específicos y a medida que aprenda a conectar las cadenas, obtendrá más experiencia en esto y no tendrá que comprobar tablas interminables para asegurarse de que está utilizando los operadores correctos, símbolos y los métodos correctos.

Lo esencial para recordar aquí es que las cadenas son la unidad básica para trabajar con Python - y hay reglas específicas sobre cómo hacer esto de manera coherente, de una manera que eventualmente le ayudará a reunir programas de software reales.

La novedad de todo esto puede asustarte un poco al principio, pero no te preocupes. Al igual que con cualquier idioma extranjero (o cualquier tipo de nuevo proceso de aprendizaje), se necesita un poco de tiempo para asimilar las reglas. Sin embargo, la clave está en la práctica. No tiene sentido aprender caracteres rusos si no aprendes a usarlos en la práctica real, en palabras, frases, frases y párrafos que se unen para tener significado.

El siguiente capítulo está dedicado a ayudarle a aprender el equivalente de "gramática" en Python: la forma en que los diferentes elementos están conectados para crear significado (es decir, para crear programas funcionales).

Capítulo 3

Cómo organizar los elementos de Python en programas

En este punto, usted puede sentirse un poco confundido - y eso es perfectamente normal, dada la cantidad de información que se está familiarizándose con en este momento. Sin embargo, es importante seguir adelante con él y volver a cada uno de los conceptos de este libro para profundizar su conocimiento.

La buena noticia es que la forma de organizar los elementos python en programas es bastante fácil de entender , sobre todo porque, a diferencia de otros lenguajes de programación, Python utiliza palabras clave en inglés reales muy a menudo (mientras que otros lenguajes podrían usar puntuación, por ejemplo).

Las reglas de Python son definitivamente diferentes de las del idioma inglés, pero este es uno de los lenguajes de programación más cercanos al lenguaje "humano" real. Por lo tanto, como se mencionó anteriormente, Python es una buena manera de comenzar su viaje de programación.

En este capítulo se analizarán algunos conceptos básicos detrás de la organización de elementos de Python en programas reales. No se preocupe si no lo hace bien la primera vez - vuelva a esta información y profundice utilizando fuentes de información más avanzadas siempre que lo necesite. La clave es ser consistente con su aprendizaje - así que dedique una cantidad determinada de tiempo cada día a perfeccionar su conocimiento de Python (preferiblemente, al menos 30 minutos / día).

Sangría

A diferencia de otros lenguajes de programación, Python utiliza sangría de espacio en blanco real (mientras que otros lenguajes pueden usar corchetes a las palabras clave para hacer la delimitación entre diferentes bloques). Hay instrucciones específicas que debe usar para aumentar la sangría de un bloque, y una disminución de sangría representa el final del bloque en el que se encuentra actualmente.

Flujo de control y declaraciones

Algunas de las instrucciones más comunes en Python incluyen las siguientes:

- Asignación representada a través del *token de signo igual* (). Esta es una de las declaraciones más importantes en Python y es bastante diferente de otros lenguajes de programación. En C, por ejemplo, si usted dice x-2, se traducirá a "nombre de variable escrito x está asociado con una copia del valor numérico dado 2). En Python, sin embargo, x-2 se traducirá en, "nombre x se hace referencia a un objeto separado y asignado dinámicamente de tipo numérico de valor 2."

- *Si , que ejecutará un bloque de código de*forma condicional. Esto se utiliza generalmente en combinación con *else* y *elif* (es decir, else-if).

- *Para* , que se utiliza para iterar objetos que son iterables y que le permite capturar cada elemento en una variable local determinada.

- *While , que se utiliza para ejecutar un bloque de* código solo si su condición es verdadera

- *Def*, que define un método o una función

- *Con,* que le permite encerrar un bloque de código en un administrador de contexto

- *Assert*, que se utiliza durante el proceso de depuración para comprobar las condiciones que se deben aplicar

- *Importación,* que se utiliza para importar módulos con variables o funciones que se pueden utilizar en el programa en el que está trabajando

Expresiones

En este sentido, Python es bastante similar a otros lenguajes de programación (por ejemplo, Java y C), pero todavía hay algunas diferencias que deben tenerse en cuenta, a saber:

- La resta, la suma y la multiplicación son las mismas en Java, C y Python, pero la forma en que se comportan las divisiones es diferente (en Python, hay dos de estos: división de suelo y división de enteros.

- Se utiliza para comparar por valor, mientras que en Java, se utiliza para comparar números por valor y también para comparar objetos por referencia.

- "Y", "o" y "no" son palabras utilizadas en Python para las operaciones booleanas (mientras que en otros idiomas, se utilizan "&&", "a" y "!".

- En Python, las funciones anónimas se pueden implementar mediante expresiones lambda. Aún así, estos son bastante limitados porque el cuerpo es sólo una expresión.

Métodos

En términos muy cortos, los métodos se aplican a los objetos y se consideran funciones que se adjuntan a la clase de ese objeto. La formulación básica sobre la que se construyen los métodos es "instance.method(argumento)." Esta sintaxis se considera "azúcar sintáctico" (un método que le permite hacer algo más fácil) para "Class.method(instance,argument)."

Además, debe mencionarse que los métodos de Python suelen tener un autoparámetro explícito utilizado para tener acceso a los datos de la instancia. Por otro lado, otros lenguajes de programación orientados a objetos utilizan el yo implícito para el mismo propósito.

Mecanografía

Antes de profundizar en esta área de Python, primero debemos mencionar que todo lo que se dice aquí se refiere a Python 3 (y puede haber diferencias entre Python 3 y otras versiones de Python).

Python utiliza algo llamado "pato escribiendo" - o, en otras palabras, escribir que se hace de acuerdo con el dicho, "si camina como un pato y habla como un pato, entonces debe ser un pato." En pocas palabras, en la escritura de Python, lo que ves es lo que obtienes.

Python también viene con objetos con tipo, pero sus nombres de variables no tienen tipo. Cuando se utiliza, las restricciones de tipo no se comprueban durante la compilación. Si se produce un error en las operaciones de un objeto, significa que un objeto específico no es de un tipo adecuado.

Python le prohíbe usar operaciones que no están muy bien definidas, como agregar un número a una cadena. Otros lenguajes de programación, por otro lado, intentarán dar sentido a operaciones que no están bien definidas.

Como programador de Python, puede definir su propio tipo utilizando algo llamado "clases" (utilizado principalmente en la programación orientada a objetos). Cuando desea crear una nueva instancia de clases, haga esto llamando a la clase (por ejemplo, "SpamClass()") - y estas clases se convierten en instancias del tipo metaclass. Esto permite la reflexión y la metaprogramación.

Al escribir, Python utiliza operadores aritméticos c básicos ("+", "-", "*", "/", "%"), utiliza, "**" para la exponenciación y, a partir de Python 3.5, se utilizará la matriz multiplicar, "- " también se utilizará como operador.

En Python, se pueden utilizar expresiones booleanas. Para definirlas, las expresiones booleanas son instrucciones lógicas que pueden ser true o false. En Python, las expresiones booleanas se utilizan con relaciones de igualdad de una manera similar a su uso general en matemáticas.

Creación de funciones

Cuando quieres crear una función en Python, todo lo que tienes que hacer es escribir, "def" al principio de una línea. Esta es una palabra clave - y el editor de código coloreará su fuente con un color específico. Una vez que haya escrito, "def", puede comenzar a crear la función escribiendo su nombre.

Por ejemplo, si desea crear una función simple, escribirá, "def simple (parámetros)". Algunas funciones no tienen parámetros y funcionan muy bien así. Con una codificación más compleja, sin embargo, tendrá que utilizar los parámetros correctos de acuerdo con las instrucciones precisas que desea dar al ordenador.

Aunque los parámetros no son absolutamente necesarios con algunos tipos de instrucciones, los dos puntos al final de la función *son* muy importantes, así que asegúrese de no olvidarlo.

Cuando una función se hace más larga, no se recomienda que continúe en la misma línea. Por un lado, esto irá en contra del principio de buena legibilidad de Python. Por otro lado, esto también va en contra de los buenos principios de colegialidad (lo que significa que quieres que tus compañeros de trabajo o con quien trabajes puedan leer bien tu código - y abarrotar un sinfín de funciones en la misma línea no es cómo lo haces).

Una vez que haya creado la premisa, la función que definirá la acción que desea que el equipo realice, también tendrá que describir dicha acción. Por ejemplo, si desea que el equipo muestre texto en la pantalla, escribirá, "imprimirá aquí mi primer texto en Python."

Una vez definido esto, debe llamar a la función simple - o, en otras palabras, para pedirle que haga su trabajo principal. Para hacer esto según el ejemplo utilizado aquí, tendrá que escribir, "simple" (el nombre de la función a llamar) y añadir corchetes redondos después de eso (" simple ( ) ").

Muy bien, esta es tu primera función simple, (muy).

Si desea agregar un parámetro a la función, debe utilizar un idioma específico. Por ejemplo, si utiliza "plus_ten" como un nombre defunción con, "a'" como parámetro, se mostrará, "10" como resultado.

También es importante devolver el valor de la función también. De lo contrario, la función simplemente imprimirá texto en lugar de hacer un cálculo específico, por ejemplo. Para ello, tendrá que escribir, "retorno" en la segunda línea de la función (al igual que lo hizo con, "imprimir" en el ejemplo antes mencionado).

Una vez que haya escrito la función, no se olvide de llamarla también, mediante el uso de corchetes redondos y el argumento de su elección (por ejemplo, "más diez (5)" volverá, "15" en la pantalla).

Cuando se define una función, se utiliza un parámetro. Sin embargo, tenga en cuenta que cuando se llama a esa función, se utiliza no un parámetro, sino un argumento. Por lo tanto, en el ejemplo antes mencionado, usted ha "llamado más diez con un argumento de 5."

Además, también es importante tener en cuenta que mucha gente se equivoca, "imprime" y"regresa" mucho. Para explicar esto un poco mejor, aquí hay un ejemplo. Supongamos que utiliza argument, "x" como entrada en una función (por ejemplo, "x más 10"). En esta situación, "x" es una entrada, un valor que ya conoces, por lo que combinar esto con la función te dará un valor de salida (al que nos referiremos como, "y"). En la programación, "return" se trata del valor de, "y", o el equivalente de presionar el signo igual en una calculadora básica.

Aunque las funciones pueden tomar varias entradas, solo pueden devolver una salida que pueda estar compuesta por uno o varios valores. Por lo tanto, "return" solo se puede utilizar una vez en cada función.

Debido a que Python es un lenguaje intuitivo, a veces le permite utilizar diferentes nombres para la misma función (por ejemplo, "más diez" se puede reemplazar con, "adición de 10") sin alterar la corrección de la función. Además, puede asignar más de un nombre a una función, como considere oportuno. Esto es ventajoso porque no tendrá que llamar a funciones nombrándolas y numerarlas (x1, x2, x3), lo que podría hacer que sus colegas no estén contentos porque les resultará difícil dar sentido a lo que sucede en ese código.

Cuando nombra las funciones de Python, debe asegurarse de que sean muy claras y concisas, ya que esto hará que sus códigos sean más fáciles de entender.

Función en función

En Python, también puede tener una función dentro de una función.

Para explicar cómo funciona esto, vamos a usar un ejemplo de salario clásico. Defina una función salarial (que calcule su salario en un día) y utilice un parámetro para las horas de trabajo (se le paga, digamos, $10/h). Cuando defina este tipo de función, no tiene que imprimirla en este momento: puede devolver su valor por ahora e imprimirlo más tarde.

Digamos que su empresa está dispuesta a pagarle un bono de $10 si tiene un buen desempeño en una semana. Para escribir esto en

Python, tendrá que definir una función dentro de una función - una, función "con bonificación" esta vez. Como parámetro, debe volver a utilizar las horas de trabajo. Esta gran función tendrá dos argumentos: el de su salario y el del bono que se le pagará cuando tenga un buen desempeño. Las dos funciones se escriben y se devuelven una debajo de la otra en el archivo de codificación.

Para ejecutar realmente las operaciones, tendrá que introducir una línea que se ve algo así: "salario(8), with_bonus(8)." La línea de salida mostrará, "(80, 90)."

Declaraciones condicionales

Junto con las funciones, las instrucciones condicionales son cruciales en Python (y se utilizan con mucha frecuencia).

La instrucción condicional más básica es, "if (expr) :" seguido de, "(statement) en la siguiente línea, donde, "(expr)" es una expresión evaluada en el contexto de expresiones booleanas y, "(statement)" es una instrucción de Python que es válida y con sangría.

Si (expr) devuelve true, se ejecutará la (instrucción). Si el (expr) devuelve false, entonces el (instrucción) no se ejecutará. Al igual que con las funciones. el colon después de (expr) es obligatorio.

Si desea evaluar una condición y hacer más cosas si es verdadera, entonces tendrá que construir su instrucción condicional de una manera que haga que el equipo entienda que todos los (statement)s que enumerará hacia abajo deben considerarse como un bloque desde un punto sintáctico de la vista. Por ejemplo, si quieres crear una declaración condicional que diga, "si tengo hambre, iré a una comida rápida, comeré una hamburguesa y beberé un poco de refresco", tendrás que asegurarte de que la computadora entienda todas las "declaraciones" (ir a una comida rápida , comer una hamburguesa, beber un poco de refresco) como parte de la misma unidad sintáctica.

Diferentes lenguajes de programación hacen las cosas de diferentes maneras - pero en Python, se trata de la sangría de las líneas de código, una regla que también se conoce como la, "regla fuera de lado." Básicamente, en Python, si dos o más líneas tienen la misma sangría, se consideran del mismo bloque (o suite) y todo el bloque se ejecutará si el (expr) es true (respectivamente, todo el bloque se omitirá si la expresión no es verdadera). El final del bloque se indica mediante una línea que tiene una sangría más pequeña que las otras líneas del bloque.

Para ejecutar la instrucción, vuelva a una sangría menor e "imprima" las instrucciones.

Tenga en cuenta el hecho de que los bloques también se pueden crear a profundidades arbitrarias. Esto significa que cada sangría definirá un nuevo bloque, mientras que cada sangría finalizará el bloque anterior. Esta estructura le permitirá crear código intuitivo y coherente.

Funciones e instrucciones condicionales

Muy bien, así que hemos aprendido acerca de las funciones y sobre las declaraciones condicionales , pero ¿qué tal reunirlas? Este es un concepto muy importante para aprender con cada lenguaje de programación, así que asegúrate de darle la atención que merece.

Digamos que has hecho una apuesta con un amigo que no cree que puedas ahorrar dinero. Dijo que si vas a ahorrar $50 al final de esta semana, él lo rematará con otros $25.

En Python, esto se traduciría como una función (lo llamaremos, "añadir 25") con un parámetro, "m" (que cambia según cuánto haya guardado).

Por lo tanto, su función dirá que si, "m" es mayor que 50, el programa debe agregar otros 25 a la cantidad total ahorrada. Si, "m" es inferior a 50, el programa imprimirá un mensaje diciendo: "Has perdido la apuesta". En el código real, esto se verá algo como esto:

```
def add_25(m):

    si m > 50:

        m = m + 25

        return m

    Más:

        return, "You have lost the bet"
```

Si ha ahorrado $49 y desea ver lo que el programa le mostrará, tendrá que introducir una nueva línea y escribir:

```
add_10(49)
```

La salida dirá:

"Has perdido la apuesta."

Como puede ver, todo en Python es muy lógico, una vez que aprenda el lenguaje real y aprenda a reunir los diferentes componentes del lenguaje.

Trabajar con más parámetros en una función

Para introducir más parámetros en una función de Python, debe dar de alta todos los argumentos, utilizando paréntesis, y separándolos por coma.

Esto es muy simple, pero una cosa que definitivamente debe tener en cuenta es que debe prestar atención al orden en el que se llama a los argumentos / parámetros (que debe ser el mismo que el de la lista).

La única situación en la que la orden no importa es cuando los parámetros están muy claramente definidos entre paréntesis (por ejemplo, "a-1, b-7, c-9").

La declaración de importación

La modularidad y flexibilidad de Python son dos de sus beneficios más comúnmente elogiados. Y a veces se materializan a través de algo llamado, "la instrucción import" - una instrucción Python que le permite utilizar cualquier archivo de código fuente de Python en otro archivo de código fuente de Python. Para utilizar esta instrucción, tendrá que escribir "módulo de importación" y el nombre de ese módulo. El módulo se importará desde la ruta de búsqueda - una lista de directorios que el intérprete utilizará para buscar una entrada para importar un módulo.

Para encontrar el módulo, el intérprete buscará primero en el directorio actual, se moverá a cada directorio en PYTHONPATH y, a continuación, comprobará la ruta predeterminada (que puede variar, según el sistema operativo que esté utilizando).

PYTHONPATH se considera una variable de entorno que contiene una lista de directorios.

Scoping y espacios de nombres

En la programación, las variables se definen como nombres (también conocidos como "identificadores") que se asignan a objetos. Un espacio de nombres es una colección de nombres de variables (también conocidos como "claves") y los objetos que les corresponden (también conocidos como "valores").

Se tiene acceso a las variables a través de instrucciones de Python en un espacio de nombres local o en un espacio de nombres global. Si las dos variables tienen el mismo nombre, la local hará sombra a la global.

De forma predeterminada, Python asume que cualquier variable con un valor asignado en una función es local. Si Python tiene que asignar una variable global en una función, usted, el programador, tendrá que usar primero la instrucción global (a saber, "Global Var

Name", que le dirá a Python que debe dejar de buscar entre el espacio de nombres local y comenzar a buscar Globalmente.

La función "dir()"

Esta función devolverá una lista de cadenas que contienen los nombres tal como se definen mediante un módulo. La lista incluirá todos los nombres de módulo, todas las variables y todas las funciones tal como se definen en un módulo.

La función "reload()"

Al importar un módulo en un script, el código en su parte de nivel superior solo se ejecutará una vez.

Por lo tanto, si desea ejecutar el código de nivel superior una vez más en un módulo, tendrá que utilizar la función "reload()", que importará un módulo que haya importado antes.

Módulos Python

En términos muy simples, un módulo Python es un archivo que contiene código Python. El código puede definir clases, funciones o variables, pero también puede contener código que se puede ejecutar.

Los módulos son fáciles de reconocer porque son archivos con un archivo . extensión py. El nombre del módulo que utiliza en el código también es el nombre del archivo, por lo que será muy fácil de usar.

Hay tres formas principales de usar módulos Python. Se pueden escribir en Python, se pueden escribir en C y luego importarse en Python (para ejecutarse dinámicamente en tiempo de ejecución), o pueden estar intrínsecamente integrados en el intérprete.

Paquetes de Python

Los paquetes son estructuras de directorios de archivos jerárquicos que definen entornos de aplicación de Python únicos. Estos entornos de aplicación se consisten en módulos, subpaquetes, sub-sub paquetes, etc.

Los paquetes son cruciales para trabajar con proyectos de aprendizaje automático, como verá más adelante en el libro, y lo mejor de ellos es que una vez que entienda cómo funciona Python, puede simplemente saltar en un uso de las características de paquetes. Esto significa que puede obtener justo en el medio de la acción de aprendizaje automático, incluso si usted es un principiante en Python.

Cada paquete de Python es un directorio y absolutamente tiene que contener un archivo llamado _init_.py. Este archivo puede estar vacío a veces, pero indica que el directorio es un paquete de Python y se puede utilizar de la misma manera que se utilizaría un módulo.

El objetivo principal de este capítulo era familiarizarte con las obras internas de Python. Con suerte, me las arreglé para hacer esto. Por supuesto, estos son los conceptos básicos absolutos y algunos de los Python más utilizados, "trucos" y reglas de código, pero hay muchos otros.

Lo importante en este momento es que no debe sentirse abrumado por la gran cantidad de información que está adquiriendo en este momento. Si aprendieras español ahora y alguien comenzara su primera lección con tensos, pronombres personales y géneros en español también te sentirías confundido (incluso si simplemente pasaran por estas áreas de la lengua española). Sin embargo, si fueras a ir en profundidad después con todos esos conceptos, tomándolos uno por uno, pronto hablarías español (siempre que lo practicaras también).

Capítulo 4

¿Qué es la Inteligencia Artificial?

De todas las palabras de moda que han inundado el paisaje general en los últimos años, la inteligencia artificial es, de lejos y en general, uno de los más fascinantes y, al mismo tiempo, uno de los conceptos más aterradores.

Permítanme ampliar un poco en esto. Sin duda, la inteligencia artificial es increíblemente fascinante : al final, la mano de la humanidad es la oportunidad de crear algo que la refleje de la mejor manera, al igual que un niño refleja la genética de sus padres. Claro, hay un debate ético sobre cómo la inteligencia artificial debe construirse de una manera transparente que sólo siga el mejor interés de la humanidad en general.

En cuanto al "miedo", la inteligencia artificial puede calificar como tal sólo mientras su punto de referencia sea la literatura y la cinematografía de ciencia ficción. Claro, es perfectamente comprensible por qué la gente estaría un poco asustada por la idea de inteligencia artificial que eventualmente superará las habilidades de la humanidad. Sin embargo, la realidad está lejos de los escenarios de SF - y la inteligencia artificial no está aquí para empujar a la humanidad a su propia muerte, sino para empujarnos hacia adelante.

Para ayudarnos a estar más sanos. Feliz. Más productivo.

Eventualmente, tal vez, para alcanzar estrellas cada vez más lejos de nuestro propio Sistema Solar.

Para empujar los límites de lo que somos y lo que podemos hacer.

La inteligencia artificial es, sin duda, un campo muy complejo, pero el objetivo principal de este capítulo es mostrarte los fundamentos de lo que es la inteligencia artificial y cómo se conecta con el tema principal de nuestro libro, el *aprendizaje profundo* (que, tenemos que re-enfatización, no es lo mismo que el aprendizaje automático y no es lo mismo que la inteligencia artificial en sí).

Entonces, ¿qué es la Inteligencia Artificial?

A veces se conoce como "inteligencia artificial", la inteligencia artificial se define popularmente como el intento de una máquina de imitar las funciones cognitivas de la mente humana, como la resolución de problemas y el aprendizaje, por ejemplo.

La definición exacta de lo que comprende la IA es realmente muy flexible- sobre todo porque cuanto más avance se hace en este campo, menos, tareas "inteligentes" se consideran como inteligencia artificial real. Este es un fenómeno interesante conocido como el "efecto IA".

Por lo tanto, si, digamos, consideramos que un robot que dirige sus tareas de limpieza de la casa es AI hoy en día, podría no ser considerado realmente AI dentro de cuatro o cinco décadas a partir de ahora, cuando esto se convertirá en la norma (en un escenario hipotético, por supuesto, no posponer sus tareas de la casa todavía).

Incluso con la definición siempre cambiante de lo que es y no es inteligencia artificial, hay algunas áreas que generalmente se consideran parte de las capacidades de IA:

- Entendimiento del habla humana

- Competiciones estratégicas de juegos (como el ajedrez, por ejemplo)

- Coches autónomos

- Simulaciones militares

Obviamente, las aplicaciones de la IA abarcan mucho más amplias que estos cuatro campos principales, pero, en este momento, son las industrias de inteligencia artificial que están más desarrolladas.

Existen tres categorías principales de sistemas de IA:

- Analytical (AI que ha adquirido inteligencia cognitiva basada en el aprendizaje de experiencias pasadas)

- Inspirado en el hombre (IA que ha adquirido inteligencia cognitiva y emocional, es capaz de decir emociones humanas entre sí *y* es capaz de ejecutar procesos cognitivos para tomar las mejores decisiones)

- Humanizado (IA que ha adquirido inteligencia social además de la cognitiva y emocional, es capaz de ser autoconsciente y consciente de sí mismo en todas sus interacciones con los seres humanos y las máquinas por igual)

Claramente, esta última categoría es de lo que Hollywood ha estado hablando - y es, con mucho, una de las áreas menos desarrolladas y más complejas de la inteligencia artificial, una especie de "frontera final" del mundo de la IA.

La inteligencia artificial ha caminado por un largo y sinuoso camino hacia los días modernos. Establecida como una disciplina académica real a mediados de la década de 1950, la IA rápidamente perdió el interés de la financiación después de una serie de decepciones, sólo para levantarse de sus propias cenizas de nuevo y encontrar nuevos y emocionantes enfoques que finalmente atrajeron nuevos fondos.

El paisaje actual de la IA

En este momento, el mundo de la investigación de IA está muy dividido entre una multitud de subcampos. Muy a menudo, estos subcampos no se comunican entre sí - y esto está relacionado principalmente con las diferencias técnicas (por ejemplo, algunos subcampos tratan en robótica, mientras que otros se ocupan del aprendizaje automático), las diferencias de uso de herramientas (por ejemplo, algunos campos utilizan la lógica, mientras que otros utilizar redes neuronales artificiales), o incluso diferencias filosóficas.

Por un lado, esto significa que no debes contener la respiración antes de tener a tu propia criada robot como los Jetson. Por otro lado, también significa que si te metes en la inteligencia artificial ahora, hay una muy buena posibilidad de que tengas mucho trabajo que hacer en las próximas décadas.

Hay varios objetivos que la IA está buscando lograr:

- Razonamiento

- Planificación

- Aprendizaje

- Representación del conocimiento

- Procesamiento del lenguaje natural

- Tratamiento

- La capacidad de manipular objetos.

Todos estos objetivos están bajo el paraguas de la "inteligencia general" - y, como se mencionó anteriormente, la mayoría de ellos son tratados como subcampos separados, con frecuencia no se comunican entre sí.

Por otro lado, la IA logra reunir a especialistas de áreas que con frecuencia tampoco se comunicaban entre sí: científicos informáticos, ingenieros de TI, matemáticos, psicólogos, lingüistas, filósofos, etc.

Enfoques de Inteligencia Artificial

Porque es un campo bastante nuevo y porque todavía hay mucho trabajo que hacer antes de poner nuestras manos en el primer, "robot digno de película", la inteligencia artificial se encuentra actualmente en la confluencia de múltiples enfoques. A veces, se utilizan en combinaciones, otras veces, estos enfoques vienen como opuestos en el espectro de investigación. Todos juntos, sin embargo, empujan los límites de la inteligencia artificial y todo lo que significa.

Los principales enfoques de IA incluyen los siguientes:

Simulación cerebral + Cibernética

Este es uno de los primeros enfoques adoptados en el mundo de la inteligencia artificial - y una de las mayores decepciones también. Creado a finales de la década de 1940 y a lo largo de la década de 1950, este enfoque de IA reunió neurobiología, teoría de la información y cibernética. Sin embargo, esta dirección en inteligencia artificial fue abandonada hacia la década de 1960, sólo para volver a la luz en la década de 1980. De alguna manera, este enfoque de IA "primordial" está más cerca de lo que la investigación de inteligencia artificial moderna se centra en muchos de los otros enfoques que vinieron después de él.

IA simbólica

Una de las principales direcciones en la historia de la investigación de inteligencia artificial fue la manipulación de símbolos. Según este enfoque, toda la inteligencia humana se puede conectar a la manipulación de símbolos - y por lo tanto, puede ser imitada por las máquinas de la misma manera.

El enfoque simbólico de la IA finalmente eclipsó la cibernética y las redes neuronales artificiales en la década de 1960 y dio origen a una serie de subramas, incluyendo:

1. Simulación cognitiva (intentando simular las técnicas utilizadas por las personas para resolver problemas)

2. Basado en lógica (intentando simular el razonamiento esencial y la resolución de problemas)

3. Antilógica (también conocida como,"scruffy", un enfoque que intenta demostrar que la lógica no se puede aplicar como el principio general detrás de la IA debido a las complejidades de áreas como el procesamiento del lenguaje natural)

4. Basado en el conocimiento (tratando de reunir el enfoque antes mencionado mediante la admitiendo que grandes cantidades de conocimiento tienen que ser alimentados en los sistemas de inteligencia artificial, incluso para las aplicaciones más simples)

IA sub-simbólica

A principios de la década de 1980, la gente comenzó a perder la fe en los sistemas simbólicos de IA y los vio simplemente incapaces de imitar los procesos cognitivos del cerebro humano.

Y así, los puntos de vista originales sobre cómo debe funcionar la IA, basado en la cibernética, volvieron a la luz y dieron vida en lo que ahora se conoce como IA sub-simbólica. A su propio paso, la IA sub-simbólica ha dado lugar a una serie de subcampos:

1. Inteligencia incorporada (dividida entre la IA encarnada, basada en el comportamiento, situada y la nouvelle, centrada principalmente en la robótica)

2. Inteligencia computacional (basada en redes neuronales y en la idea según la cual algunos problemas no se pueden resolver con absoluta certeza lógica)

Aprendizaje estadístico

Pronto, los investigadores se dieron cuenta de que la IA sub-simbólica no es necesariamente suficiente para la creación de sistemas de inteligencia artificial que funcionen correctamente. Por lo tanto, el campo de la IA comenzó a adoptar sofisticadas herramientas matemáticas para comparar y combinar diferentes arquitecturas de la competencia. Debido a que las matemáticas son más un lenguaje universal, permitió que la IA se comunicara con otros campos de especialización, como la investigación de operaciones, por ejemplo.

En comparación con los enfoques anteriores, el aprendizaje estadístico finalmente estaba dando resultados reales en dominios muy prácticos, como la minería de datos). Estos sistemas de inteligencia artificial no estaban obteniendo ningún tipo de comprensión semántica de los conjuntos de datos alimentados en ellos, pero por primera vez, la inteligencia artificial empezaba a ser percibida como científica.

El enfoque más moderno reúne todo lo que se ha aprendido hasta ahora y tiene como objetivo reunir eventualmente las diferentes, divergentes y algo caóticas subramas del mundo de la inteligencia artificial.

Sólo el futuro puede saber sobre lo que sucederá a continuación en la investigación de inteligencia artificial, pero la industria está aquí para quedarse y se hacen grandes avances todos los días. Si bien es posible que no puedas atragantarte con Netflix mientras un robot maneja tu correo, los platos y la ropa, estamos dando pasos lentos en esa dirección.

Si tienes curiosidad por estar en contacto con los últimos desarrollos del mundo de la IA, te recomiendo que te suscribas a canales de YouTube como Boston Dynamics y veas cuánta robótica ha evolucionado en los últimos años. Paralelamente, los sistemas de inteligencia artificial ahora son capaces de escribir poesía y (irónicamente suficiente) historias de ciencia ficción. Así que sí, no estamos tan lejos del "sueño de La IA" como podría parecer - y ser parte de este mundo seguramente le traerá grandes satisfacciones en los años venideros.

Capítulo 5

¿Qué es el aprendizaje automático?

El aprendizaje automático es una ciencia que utiliza algoritmos y modelos estadísticos para permitir que los sistemas informáticos realicen tareas sin instrucciones reales, confiando en los patrones inducidos y la inferencia en su lugar.

El aprendizaje automático no es, como verás, *uno* y lo mismo con la inteligencia artificial. De alguna manera, los dos están relacionados y sería inútil hablar de uno sin tener en cuenta al otro.

Los algoritmos de aprendizaje automático se basan en modelos matemáticos que, a su vez, se basan en datos de muestra. Estos datos de ejemplo se denominan profesionalmente "datos de entrenamiento" y se utilizan para alimentar programas de aprendizaje automático y permitirles hacer predicciones y tomar decisiones sin estar específicamente programados para ello.

La mayoría de las veces, la gente se asocia,"aprendizaje automático" con máquinas todopoderosas que apuntan al bienestar de la humanidad. Más allá de la ciencia ficción, sin embargo, el aprendizaje automático tiene aplicaciones muy prácticas - muchas de las cuales probablemente está utilizando sin darse cuenta completamente también. Por ejemplo, algunos filtros de correo electrónico utilizan aprendizaje automático. Y también lo hace la visión por computadora. Además, las estadísticas computacionales son un campo muy asociado con el aprendizaje automático en el sentido de que también utiliza datos estadísticos para hacer predicciones utilizando computadoras.

Otros campos asociados con el aprendizaje automático incluyen la optimización matemática y la minería de datos (que en realidad es un subconjunto del campo de estudio de aprendizaje automático que se centra en el uso del aprendizaje no supervisado para producir análisis de datos exploratorios).

Con todo, el aprendizaje automático es una industria fascinante que actualmente está creciendo a un ritmo increíblemente rápido. Como programador, puede encontrar su nicho en el aprendizaje automático (y Python es uno de los idiomas más comunes utilizados aquí, especialmente en el aprendizaje profundo, como aprenderá más adelante en el libro).

Aprendizaje automático más allá de la ciencia ficción

Aprender es un proceso con el que los humanos están muy acostumbrados. Desde el mismo momento en que respiras el aire de este mundo, aprendes a acomodarte a él. A medida que envejecemos, nuestros procesos de aprendizaje se ralentizan (que es una de las razones por las que a las personas mayores les resulta más difícil adaptarse a las nuevas tecnologías, por ejemplo). Pero aún así, el aprendizaje es parte de lo que somos- como individuos y como especie.

Las máquinas no son tan futuristas como uno puede pensar. La humanidad ha estado usando varios tipos de máquinas desde la revolución industrial, cuando muchas tareas manuales comenzaron a ser asignadas a ellos.

El estudio del aprendizaje automático, sin embargo, es un poco más reciente. El término en sí se utilizó por primera vez a finales de la década de 1950, en IBM, pero la idea de"enseñar" máquinas de aprender había comenzado a tomar forma a principios de la década ya. En 1950, el famoso Alan Turing probó una computadora, curioso para ver si podía engañar a un humano para que pensara que estaba hablando con otro humano. En 1952, Arthur Samuel escribió el primer programa que se asemejaba al aprendizaje automático en el sentido más moderno del término - un juego de damas.

No hace falta decir que el aprendizaje automático ha crecido mucho en las últimas siete décadas, y actualmente está empujando las fronteras de la tecnología en una multitud de industrias, incluyendo la medicina, la cinematografía y la vida cotidiana. De hecho, la industria del aprendizaje automático ya está presente en casi una cuarta parte de las empresas de América del Norte, con un 23% de las empresas aquí que admiten que utilizan el aprendizaje automático para un mínimo de una función de empresa. Los números son un poco más bajos en Europa (21%) y China (19%), pero todos los datos apuntan en la dirección del crecimiento del aprendizaje automático en los próximos años.

Aprendizaje automático: los fundamentos absolutos

Sería difícil encajar todo lo que el aprendizaje automático está (o no lo es) en un capítulo- e incluso en un libro. Sin embargo, mi objetivo aquí es ayudarle a entender los conceptos muy básicos que se esconden detrás del aprendizaje automático, para que entienda cómo se vinculan con el aprendizaje profundo en general y el aprendizaje profundo de Python en particular.

Como también se mencionó al principio, el aprendizaje automático es una ciencia que permite a las máquinas aprender por su cuenta, basándose en experiencias, observaciones y patrones que detectan en un dato determinado. En este caso, las máquinas no están programadas para hacer estas cosas cada vez que lo hacen - están programadas para ser autónomas.

Aprendizaje automático, aprendizaje profundo e inteligencia artificial

Para entender lo que es el aprendizaje automático, lo pondremos en relación con la inteligencia artificial y el aprendizaje profundo. Estos tres campos de estudio se entremezclan con frecuencia y, por lo tanto, con frecuencia se malinterpretan como uno (más o menos) uno y lo mismo. Sin embargo, como también se mencionó antes, no son exactamente los mismos.

- La inteligencia artificial es la capacidad de una máquina para imitar el comportamiento humano y tomar decisiones inteligentes como lo hacen los humanos;

- El aprendizaje automático es la capacidad de una máquina para aprender sin estar específicamente programado para ella;

- El aprendizaje profundo crea algo llamado "redes neuronales" (que se explicará más adelante en el libro). Estas redes neuronales tienen la capacidad de aprender y tomar decisiones inteligentes mediante el uso de ciertos algoritmos.

Entonces, ¿cómo es que las máquinas pueden aprender?

Es bastante obvio cómo aprenden los seres humanos, está incrustado en nuestro ADN y es el motor mismo de nuestra ascensión a la parte superior de la cadena alimentaria.

Las máquinas pueden aprender de una manera bastante similar. Al principio, reciben conocimiento sobre un tema determinado, por lo que son capaces de identificarlo en el futuro. El conocimiento, combinado con experiencias pasadas, ayuda a las máquinas a tomar decisiones para el futuro. Al igual que los seres humanos, las máquinas se pueden entrenar para identificar características y patrones en los datos que reciben y, por lo tanto, están habilitadas para hacer la distinción entre varios temas.

Cuando los datos se introducen en una máquina, se dividirán en dos partes principales: datos de entrenamiento y datos de prueba. Una vez que los datos han sido asimilados, la máquina aprenderá a distinguir patrones y características y a entrenarse para tomar decisiones basadas en los datos dados. También podrá identificar, clasificar y predecir nuevos datos.

Para asegurarse de que las decisiones tomadas por las máquinas son precisas, se utilizarán los datos de prueba.

Supongamos que desea predecir si los precios de las acciones de una empresa determinada bajarán o no en los próximos días. Tradicionalmente, esto lo haría recopilando información pasada sobre esas acciones de la empresa y la información actual, como la situación de la empresa, las inversiones que hicieron, la tecnología que están presentando, etc. Sobre la base de estos datos, usted será capaz de hacer una predicción más o menos precisa de lo que va a suceder.

En el aprendizaje automático, haría lo mismo: recopilar los datos pasados y presentes y alimentarlos en la máquina. En función de su programación, la máquina ejecutará un análisis de los patrones y predecirá los posibles resultados de la situación actual.

No sólo es más rápido para una máquina hacer predicciones, pero lo más probable es que, al ser una *máquina* y no ser influenciado por emociones o "corazonadas", las predicciones hechas por dicha máquina serán más precisas que las hechas por un humano.

Algoritmos de aprendizaje automático

Existen varios tipos de algoritmos de aprendizaje automático, cada uno con sus propias especificidades

Algoritmos supervisados

En los algoritmos supervisados, el conjunto de datos que, "entrena" la máquina contiene datos etiquetados (lo que significa que contiene los parámetros de entrada y la salida requerida). Por ejemplo, si desea clasificar a las personas según el género, "masculino" y "femenino" serán sus etiquetas, y el conjunto de datos de entrenamiento se clasificará de acuerdo con estas etiquetas, en función de los parámetros específicos que la máquina utilizará para hacer la clasificación real .

Los algoritmos de aprendizaje supervisado según varias tipologías, incluidos los algoritmos de clasificación, que se utilizan para clasificar los datos en clases y etiquetas determinadas. Uno de los algoritmos de clasificación más comunes es el algoritmo de clasificación K-Nearest Neighbor (también conocido como KNN). Este tipo de algoritmos se utiliza para clasificar un conjunto de datos en grupos o clases determinados en función de las principales similitudes encontradas entre los puntos de datos del conjunto. Por ejemplo, si necesita comprobar si una persona está en forma en función de su altura y peso, utilizará este tipo de algoritmo.

Algoritmos no supervisados

Este tipo de algoritmos funciona con datos sin etiquetar, lo que significa que cuando una máquina está agrupando los datos en un grupo específico, lo hará en función de las similitudes mostradas por diferentes variables. Algunos de los algoritmos de aprendizaje automático no supervisados más comunes incluyen la agrupación en clústeres de medios K.

La agrupación en clústeres es la formación de colecciones de puntos de datos que se agrupan en grupos creados en función de sus similitudes.

En el caso de la agrupación en clústeres de K-means, "K" es el número de centroides que se deben considerar para un problema determinado, mientras que "significa" es el centroide en el centro de cualquier clúster.

Para crear este tipo de algoritmo, primero tendrá que definir el valor de K. Si K-4, significa que hay cuatro centroides. A continuación, tendrá que seleccionar los puntos de datos K y comprobar la distancia entre cada punto de datos y los centroides. Una vez hecho esto, tendrá que asignar el punto de datos al centroide específico que muestra la distancia más corta. De esta manera, creará el primer clúster de puntos de datos que son similares.

A continuación, debe repetir el mismo proceso para cada uno de los clústeres recién formados, reasignando los puntos de datos al centroide que se puede encontrar a la distancia más pequeña de un punto de datos determinado.

El número de iteraciones depende de cuántas veces tenga que repetir el proceso hasta que el centroide deje de cambiar. Una vez que vea que ha permanecido igual, su algoritmo se puede considerar totalmente optimizado.

Algoritmos reforzados

Los algoritmos reforzados se utilizan para enseñar a una máquina a determinar el mejor comportamiento dado un contexto específico.

Este tipo de aprendizaje automático funciona en función del principio de recompensa y castigo. Esto significa que cada decisión tomada por la máquina será recompensada o castigada. Basándose en este sistema, entenderá si una decisión fue correcta o no. Eventualmente, la máquina aprenderá a tomar decisiones por sí misma, con el propósito de maximizar la recompensa a largo plazo.

¿Cómo se utiliza el aprendizaje automático?

Contrariamente a la creencia popular, el aprendizaje automático no tiene nada malo (eso es sólo el resultado de varias décadas de películas de Hollywood infundidas con escenarios de fin de mundo).

En este punto, el aprendizaje automático ha tocado casi todas las industrias: desde la medicina hasta los juegos y desde la agricultura hasta las redes sociales. Algunas de las utilizaciones más comunes del aprendizaje automático se pueden detectar en las siguientes áreas:

* Asistentes virtuales (asistentes inteligentes, por ejemplo)

* Redes sociales (análisis de sentimientos, por ejemplo)

* Transporte (control del tráfico aéreo, por ejemplo)

* comercio electrónico (recomendación de producto, por ejemplo)

* Asistencia sanitaria (diagnóstico de enfermedades, por ejemplo)

* Financiero (detección de fraude, por ejemplo)

Cada área de la vida humana puede mejorarse mediante el aprendizaje automático. Desde la forma en que se hacen sus animaciones favoritas hasta la forma en que se hace la cirugía, el aprendizaje automático ha entrado en nuestras vidas. Más a menudo que no, su presencia en nuestras vidas es más o menos invisibile, en el sentido de que no hay trompetas para anunciar el hecho de que una empresa está utilizando herramientas de aprendizaje automático para mejorar su experiencia.

Pero lo son. Y lo más probable es que esta tendencia siga creciendo, hasta el punto de que la mayoría de las cosas en nuestras vidas serán cuidadosamente filtradas a través de máquinas inteligentes capaces de simplemente hacer todo más fácil, mejor, más eficiente y más preciso.

Aparte del hecho de que esto significa que hay un gran mercado para los científicos de datos, también significa que usted tiene la oportunidad de trabajar en una industria que es realmente emocionante. Usted tiene la oportunidad de construir un futuro mejor, más seguro, más eficiente - y eso debería ser un poderoso motivador detrás de su propio proceso de aprendizaje.

Capítulo 6

¿Qué es el aprendizaje profundo?

Como se mencionó anteriormente, el aprendizaje profundo y el aprendizaje automático son dos conceptos diferentes. Están, de hecho, muy relacionados y ambos pertenecen a la familia más amplia de inteligencia computacional - pero conocer la diferencia entre el aprendizaje automático y el aprendizaje profundo es muy importante, especialmente si quieres trabajar en cualquiera de estos campos.

El aprendizaje profundo pertenece al campo más grande de la inteligencia artificial, sí, y es un subcampo del aprendizaje automático en sí. Sin embargo, el aprendizaje profundo no es necesariamente, "AI" en la terminología generalmente aceptada (no pretende imitar el comportamiento humano), y no lo es, "aprendizaje automático" tampoco (ya que utiliza un enfoque completamente diferente en la generación de soluciones a problemas que son con frecuencia diferentes de aquellos con los que el aprendizaje automático está trabajando)

El aprendizaje profundo se trata de algoritmos que se inspiran en la estructura y función misma del cerebro humano. Estos algoritmos se llaman "redes neuronales artificiales".

Debido a que es el tipo de campo que se mueve a un ritmo muy alto, el aprendizaje profundo se define y redefine con frecuencia de acuerdo con diferentes perspectivas. Como usted ha leído en el capítulo relacionado con la inteligencia artificial, la ciencia de los padres detrás del aprendizaje profundo se está redefiniendo constantemente también - por lo que tiene sentido que algo que brota de ella seguirá un patrón similar.

Aprendizaje Profundo y Redes Neuronales

Las redes neuronales artificiales se encuentran en la base del aprendizaje profundo en su comprensión moderna. Google utiliza grandes redes neuronales para Google Brain, uno de los avances más impresionantes realizados en el campo de la inteligencia artificial en general y el aprendizaje profundo en particular.

A diferencia del aprendizaje automático, el aprendizaje profundo utiliza la estructura del cerebro para poder hacer que los algoritmos de aprendizaje sean más fáciles de usar y más eficientes, así como hacer excelentes avances en las industrias de IA y aprendizaje automático.

El aprendizaje profundo no podría haberse desarrollado antes de lo que lo ha hecho, sobre todo porque es sólo ahora que tenemos el hardware necesario para realizar actividades de aprendizaje profundo y entrenar redes neuronales de grandes dimensiones. La cantidad de datos alimentados en estos sistemas es enorme y habría sido simplemente inviable pensar en ello hace un par de décadas.

Aún más, las redes neuronales siguen creciendo con cada proceso de entrenamiento, y su rendimiento también crece exponencialmente. Por un lado, esto significa que finalmente somos capaces de crear esfuerzos de IA escalables. Por otro lado, también significa que los requisitos de hardware son extremadamente sofisticados - por lo que, volviendo a la idea principal, es sólo ahora que el mundo está totalmente preparado para abrazar el aprendizaje profundo con todo su poder.

El aprendizaje automático alcanza una meseta en el proceso de aprendizaje en algún momento, pero el aprendizaje profundo va mucho más allá de eso, creciendo y expandiéndose continuamente sobre sus propios límites. Tanto el aprendizaje supervisado como el aprendizaje no supervisado tienen sus propias aplicaciones, pero en este momento, el aprendizaje profundo se parece a la rama de IA que ayudará a la mayor parte en términos de construir un sistema de inteligencia artificial "verdadero".

El mismo nombre de la ciencia de "aprendizaje profundo" señala cuán grande es, con, "profundo" que significa el número de capas de aprendizaje. Y con este esfuerzo escalable, la eficiencia de estos sistemas se hará cada vez más profunda a medida que pase el tiempo. Cuantos más datos se alimentan estos sistemas, más grandes son sus modelos, y cuanto más potencia computacional se añade a estos sistemas, mejores serán los algoritmos.

Esto es muy similar a cómo aprenden los humanos. Cuanto más acumule conocimiento y datos en un campo en particular, más profundo podrá ir en él. Piensa en ti mismo leyendo este libro como un completo novato para el mundo de Python y aprendizaje profundo.

Al principio, comenzó con una idea muy vaga de lo que son tanto Python como el aprendizaje profundo. Sin embargo, cuanto más progrese con su lectura, asimila más información y estará listo para profundizar más con todo. Una vez que termines el libro (esperemos) podrás profundizar en tus conocimientos en estos temas - y cuanto más avanzado llegues, más fácil será adquirir conceptos nuevos y complejos y aplicar estrategias sofisticadas.

Aprendizaje profundo y aprendizaje de características

La escalabilidad no es el único beneficio de la ciencia del aprendizaje profundo. Otra ventaja muy importante a destacar es la capacidad de los modelos de aprendizaje profundo para extraer características de datos sin procesar. Este proceso viene bajo el nombre de "aprendizaje de funciones".

Más allá de las redes neuronales, los sistemas de aprendizaje profundo pueden descubrir y adquirir como aprendizaje de buenas representaciones, y utilizan el aprendizaje de características para hacerlo.

Aprendizaje profundo y su significado profundo

Como mencioné brevemente anteriormente, el mismo nombre atribuido al campo del "aprendizaje profundo" tiene consigo un significado importante e implicaciones filosóficas.

El "aprendizaje profundo" podría haber sido muy bien referido, "redes neuronales artificiales" y la definición no habría sido muy equivocada. Esa es la base misma del aprendizaje profundo, al final - así que ¿por qué no llamarlo como es y usar un nombre elegante en su lugar?

Bueno, todo puede ser atraído de nuevo a Geoffrey Hinton, uno de los principales pioneros en el mundo de las redes neuronales artificiales y el hombre que participó en la creación del primer artículo sobre redes de percepción de entrenamiento en múltiples capas. Con frecuencia se le conoce como uno de los primeros investigadores en utilizar la palabra, "profundo" en la descripción de las redes neuronales artificiales - y su descripción parece haberse quedado en el mundo de la investigación y los medios de comunicación.

Usando el adjetivo "profundo" para describir estos algoritmos de redes neuronales "codiciosos" tiene todo el sentido en el mundo. La "profundidad" se trata de la multitud de capas en estos algoritmos, pero, a nivel filosófico, también se trata de la gran cantidad de máquinas de información que pueden procesar y aprender usando algoritmos de aprendizaje profundo.

Aprendizaje profundo en dominios analógicos

Mientras que otras formas de aprendizaje automático pueden ser excelentes para la información que viene en formato tabular, el aprendizaje profundo es excelente para resolver problemas donde las entradas y salidas vienen en un formato analógico (como datos de píxeles, datos de texto o incluso datos de audio).

Esto significa que la información incluida en los sistemas de aprendizaje profundo no tiene que ser procesada previamente. El aprendizaje profundo es capaz de dar sentido a información compleja, al igual que el cerebro humano.

Esto no quiere decir que todos los sistemas de aprendizaje profundo puedan hacer esto, pero hay algunos, y son bastante impresionantes en lo que hacen (especialmente teniendo en cuenta que seguirán creciendo a sí mismos con el tiempo). Un muy buen ejemplo en esta dirección es la arquitectura de red de reconocimiento de objetos en Facebook. Yann LeCun,el director de Investigación de Facebook, es también el primero en desarrollar la Red Neuronal Convolucional (CNN) mediante el uso de redes neuronales de alimentación perceptron multicapa. Esta técnica permite al sistema escalar datos y ser entrenado con retropropagación.

El sistema de aprendizaje profundo de Yann LeCun desafía la definición misma del aprendizaje profundo precisamente porque ha tenido un gran éxito en el reconocimiento de objetos de imagen. Usted puede estar familiarizado con él, en realidad: cuando se publica una imagen en Facebook, por ejemplo, el sistema es capaz de reconocer no sólo donde en la imagen se detecta un rostro humano, pero muy a menudo, es capaz de detectar realmente *quién* que rostro humano pertenece a.

DeepMind es otro muy buen ejemplo. Una empresa fundada por Demis Hassabis y más tarde adquirida por el propio Google, DeepMind logró combinar con éxito técnicas de aprendizaje profundo y aprendizaje reforzado. Esta técnica ha llevado a la creación de sistemas capaces de jugar juegos de estrategias complejas como Go.

Si bien las definiciones, enfoques y técnicas empleadas por el aprendizaje profundo pueden ser muy diferentes en diferentes escuelas de pensamiento y pueden variar incluso de un investigador a otro, una cosa es segura: el aprendizaje profundo está aquí para quedarse, lo mismo que la máquina aprendizaje e inteligencia artificial.

En términos muy simples, los sistemas de aprendizaje profundo son grandes sistemas de redes neuronales que necesitan una gran cantidad de datos y una gran potencia computacional para producir excelentes resultados, particularmente en los problemas a los que se limita el aprendizaje automático.

El algoritmo principal que se encuentra en la base de los programas de aprendizaje profundo modernos y con visión de futuro es la retro propagación, representada a través de una serie de técnicas populares:

- Redes neuronales convolucionales

- Redes Perceptron multicapa

- Redes neuronales recurrentes de memoria a largo plazo

Todo esto puede sonar confuso - pero el propósito principal de mostrar esto es hacerte curioso. El aprendizaje profundo es un mundo fascinante que reúne matemáticas, ciencia computacional, programación, psicología y mucho más, y todos los signos demuestran que el aprendizaje profundo sentará las bases de una nueva era en el campo de la inteligencia artificial.

Capítulo 7

Conceptos de programación de aprendizaje profundo

Hasta ahora, este libro ha sido un preámbulo destinado a mostrarle lo intrincados, fascinantes y absolutamente ricos campos de estudio de Python y aprendizaje profundo.

A medida que nos acercamos a la segunda mitad del libro, quiero presentarles conceptos que conectan el mundo de Python y el mundo del aprendizaje profundo - conceptos que, espero, se asimilarán con una sed de información que eventualmente inculque en usted la pasión necesario para ir más allá con su estudio de uso de Python para el aprendizaje profundo.

Hay un millón de razones por las que me encantaría que hicieras esto, pero la más importante es porque *abriste este libro por una razón*. Usted puede estar buscando un cambio de carrera, o puede estar genuinamente interesado en el mundo de la inteligencia artificial (y tanto Python como el aprendizaje profundo le abrirán las puertas). Usted puede ser un programador experimentado que busca crecer en una industria que se está apoderando del futuro. O puede que seas una mente curiosa que busca aprender más sobre el cautivador mundo de robots y máquinas que imitan a los humanos.

Independientemente de dónde se encuentren, espero que este libro satisfaga su sed de conocimiento y curiosidad y que le empujará hacia un aprendizaje más profundo (pun previsto).

El capítulo en cuestión está destinado a rodearlo de nuevo al principio del libro y mostrarle cómo la programación y el aprendizaje profundo se conectan en una red de información. Sé que hubo un cambio abrupto entre la primera parte del libro, centrándose en explicar Python, y la segunda, explicando la inteligencia artificial y el aprendizaje profundo - pero si quieres seguir adelante con esto y seguir aprendiendo, este capítulo será el puente que está buscando.

Una mirada más profunda al aprendizaje profundo

Cuando se piensa en el cerebro humano, una red neuronal es un sistema de neuronas en capas, con la mayoría de ellas teniendo una entrada más tarde y una capa de salida (al menos). Los sistemas de aprendizaje profundo imitan eso, con el objetivo de crear poder computacional capaz de imitar la forma en que funciona el cerebro humano.

En el aprendizaje profundo, el programa (sí, al que contribuirás como programador) es la herramienta que alimentará un patrón de entrada en la capa de entrada. A continuación, el patrón de salida se devolverá desde la capa de salida.

Entre la capa de entrada y la capa de salida, se producen una serie de procesos y, debido a que son muy incomprendidos y debatidos, con frecuencia se les conoce como la "caja negra". Nadie sabe exactamente lo que sucede entre las dos capas de las neuronas del cerebro humano, pero afortunadamente, sabemos lo suficiente como para ser capaces de imitar el mismo "sistema" en las tecnologías artificiales.

Programación tradicional frente a programación de redes neuronales

Diferentes arquitecturas tienen diferentes definiciones sobre lo que sucede entre las capas de entrada y las capas de salida - pero si hay algo consistente en todos los enfoques es que tendrá que expresar problemas de entrada como matrices de números de punto flotante (o números que contienen puntos decimales flotantes). La solución al problema de entrada también será una matriz de números de punto flotante.

Las redes neuronales solo son capaces de realizar este tipo de expresión. No hacen bucle, no llaman a subrutinas y no realizan otras tareas que generalmente están asociadas con programas tradicionales. En otras palabras, las redes neuronales simplemente reconocen patrones.

Las tablas hash son las redes neuronales más cercanas a la programación tradicional. Estas tablas asignan valores entre sí, indexando términos diferentes. En la mayoría de los casos, las redes neuronales también funcionan de la misma manera. Por ejemplo,

BAM (memoria asociativa bidireccional) le permitirá proporcionar un valor y recibir una clave (los dos conceptos básicos asociados con la programación de tablas hash). El valor que una tabla hash devolvería en la programación tradicional es el equivalente a la capa de salida de una red neuronal.

Esto no quiere decir que la programación de redes neuronales sea una y la misma con la programación de tablas hash - la primera es mucho más compleja y sofisticada. Por ejemplo, si introduce una palabra en una tabla hash que no contiene su definición, obtendrá un resultado nulo. Por otro lado, una red neuronal nunca le dará un resultado nulo - simplemente buscarán la coincidencia más cercana. Aún más, podrán modificar la salida para acomodar y estimar el valor que faltaba también.

Por ejemplo, supongamos que introduciría "ate" en una tabla hash que no contenga la definición del término. El resultado sería, como se mencionó anteriormente, *null*. Sin embargo, si usted hizo lo mismo con una red neuronal, probablemente le daría resultados para, "comer."

Uno de los principales desafíos de la programación de redes neuronales es traducir valores textuales o de cadena en números de punto flotante que la red neuronal puede entender. Se han desarrollado algunas soluciones, pero aún así, el principal desafío con las redes neuronales sigue siendo el hecho de que es más fácil para ellos procesar números, en lugar de palabras.

Uno de los primeros operadores que aprenderá en los operadores de redes neuronales es el "XOR". similar es a los operadores "AND" y,"OR". En el caso de un operador AND, ambos lados de la operación tienen que ser verdaderos. En el caso de un operador OR, por otro lado, uno de los lados tiene que ser verdadero. Y en el caso de un XOR para ser verdad, ambos lados de la operación tienen que ser diferentes entre sí.

Programación de aprendizaje supervisada frente a no supervisada

Ya hemos tocado el tema del aprendizaje supervisado y el aprendizaje no supervisado, pero vamos a ponerlo en el contexto de la programación esta vez.

Cuando usted, como programador, especifica la salida ideal, el aprendizaje automático que está utilizando se llama "aprendizaje supervisado" (es decir, no deja que la máquina calcule cualquier salida que pueda ser, pero asegúrese de darle instrucciones sobre cómo debe ser esa salida). El aprendizaje supervisado enseñará a la red neuronal/la máquina a producir una salida ideal, según sus instrucciones.

Cuando no se especifica la salida, se utiliza el aprendizaje no supervisado. Este tipo de aprendizaje enseñará a la máquina a agrupar datos de acuerdo con el número de neuronas de salida.

Ambos tipos de aprendizaje automático son iterativos. En el caso del aprendizaje supervisado, cada una de las iteraciones de entrenamiento calculará qué tan cerca está la máquina de la salida ideal (y esta cercanía se expresará como un error porcentual). Con cada iteración de entrenamiento, las matrices de peso internas se ajustarán para reducir la tasa de error a un nivel que sea lo más bajo posible.

En el aprendizaje no supervisado, las iteraciones no calcularán el error tan fácilmente, precisamente porque no hay una salida ideal a la que la máquina debe dirigirse. Por lo tanto, las iteraciones tendrán un número fijo, hasta que los resultados se reduzcan a un nivel aceptable de error.

Cómo ser amigable con los algoritmos

Como programador que trabaja con el aprendizaje automático, su propósito principal es el de crear un algoritmo capaz de mejorarse constantemente en función de los datos que se introducieron en él.

El tipo de aprendizaje que necesita usar depende de muchos factores, incluido el tipo de datos que está manejando. Por ejemplo, si está tratando con datos tabulares, como se mencionó en el capítulo anterior, es posible que le resulte mejor trabajar con un enfoque de aprendizaje automático más tradicional. Sin embargo, si está tratando con datos complejos, como imágenes, la programación de aprendizaje profundo es lo que está mirando.

Además, es muy importante tener en cuenta que incluso los mejores sistemas de aprendizaje profundo del mundo tienen un porcentaje marginal de error. Pueden acercarse *al* 100%, pero nunca llegan a ese punto. Esto significa que cualquiera que sean sus salidas, no siempre están absolutamente seguros.

El aprendizaje automático se vuelve útil en un gran número de situaciones. Como programador, incluso si está familiarizado con todos los escenarios posibles de una salida de entrada, siempre habrá un gran número de variables que no se puede calcular humanamente. En estos casos, el aprendizaje automático viene a complementar la programación informática tradicional y le permite crear un enfoque que finalmente devolverá soluciones que son lo más cercanas posible a la precisión absoluta.

El tipo preciso de algoritmo que utilizará también depende del tipo de datos con los que tenga que trabajar. Por ejemplo, si los datos no están etiquetados (cada fila de información no tiene ningún tipo de etiqueta asociada). En estos casos, se producirá la agrupación en clústeres de datos (agrupará elementos o puntos de datos que tienen algún tipo de similitud entre sí). Este tipo de algoritmo podría hacer coincidir cualquier entrada nueva con uno de los clústeres que la máquina ya ha creado, sin saber exactamente lo que representa esa información.

Si los datos están etiquetados (es decir, cada fila de datos está asociada a una etiqueta específica), su trabajo como programador será asegurarse de que la máquina puede dar salidas que tienen una baja tasa de error.

En el aprendizaje reforzado, la máquina aprenderá de los refuerzos que vienen con los datos y su objetivo principal será lograr el objetivo que se le ha fijado (el punto con la recompensa más alta). Como programador, asignará una puntuación de recompensa positiva a rutas que parezcan beneficiosas y puntuaciones de recompensa negativas a rutas que parezcan perjudiciales. En este paradigma, la máquina hará todo lo posible para encontrar el camino que ofrece la mayor recompensa.

Igual que la vida real, el aprendizaje humano, el mejor camino hacia la recompensa más alta podría no ser siempre el más recto - y a veces puede tener que moverse a través de caminos sin éxito para llegar al mejor. Al final, sin embargo, se alcanzará el objetivo.

Como nota, algunos de los algoritmos más utilizados asociados con el aprendizaje reforzado son Q-learning y SARSA.

La programación para el aprendizaje profundo sigue los mismos principios básicos que toda programación. Aún así, muestra diferencias significativas también - así que incluso si usted es un programador experimentado, pero nunca ha trabajado con el aprendizaje automático antes, todavía tendrá mucho que aprender.

El siguiente capítulo de este libro le ayudará a finalmente conectar los puntos que se han elaborado a lo largo de estos últimos capítulos. Con suerte, le ayudará a entender por qué Python es una buena opción para el aprendizaje profundo, así como *cómo* se puede utilizar para el aprendizaje profundo (porque, como se mencionó en este capítulo, las redes neuronales tratan mejor con los números, no con las cadenas de instrucciones por lo que típico de Python). Lo creas o no, sin embargo, Python es uno de los lenguajes de programación más fáciles y eficientes para el aprendizaje profundo - y el siguiente capítulo le mostrará exactamente por qué.

Capítulo 8

Aprendizaje profundo con Python:
Por qué, cómo, cuándo

Había una vez un gran hombre que creaba un lenguaje de programación muy sencillo y útil. Era 1991, el hombre era Guido van Rossum, y el lenguaje de programación era Python.

Excepto por Alibaba, cuyo Jack Ma realmente grabó su primer encuentro, convencido de que este sería un momento histórico, la mayoría de los negocios e invenciones en el mundo no empezaron con una explosión. Python no hace ninguna excepción, ya que Guido van Rossum seguramente no esperaba que su pequeño proyecto tomara tal lanzamiento.

En estos días, Python se utiliza en una serie de aplicaciones, incluyendo la creación rápida de prototipos. ¿La razón? Es fácil de entender, claro, fácil en términos de formato, y le ayuda a mantenerse "limpio" para uno mismo posterior y para sus colegas, así. Por lo tanto, tiene todo el sentido en el mundo que este lenguaje sería popular entre aquellos que escriben prototipos de programas que pueden o no continuar justo después de su creación (y pueden o no ser continuados por los mismos equipos).

De hecho, Python es uno de los lenguajes de programación de más rápido crecimiento en el mundo, según un estudio realizado por StackOverflow. [2] En los últimos años, ha logrado superar en popularidad lenguajes de programación que eran mucho más comunes y antiguos que él - como PHP y C, por ejemplo.

Claramente, los beneficios de Python son atractivos para una amplia gama de programadores - de aquellos que acaban de empezar en el mundo de la programación y para los experimentados por igual.

Más allá de la simplicidad y la belleza del estilo de codificación, Python se gana el corazón con su estilo peculiar y con la forma caprichosa en la que todo sobre él fue construido desde el principio. Si C es un anciano con mucho conocimiento, pero sin sentido del humor, Python es un millennial que tiene carisma y empatía por todo lo que hay alrededor de sí mismo.

¿Qué tiene que ver Python con Aprendizaje automatizado

El reconocimiento de patrones radica en la base de la mayoría de los procesos de aprendizaje - es lo que empujó a los seres humanos

---

[2] Stack Overflow Developer Survey 2018. (2019). Obtenido de https://insights.stackoverflow.com/survey/2018

a convertirse en Homo Sapiens y es precisamente el concepto subyacente detrás del aprendizaje automático también.

A un nivel muy simplista, el aprendizaje automático no es más que la capacidad de una máquina para reconocer patrones en los datos. Por lo tanto, como ingeniero que trabaja en el aprendizaje automático, sus tareas principales incluyen:

- Extraer datos

- Procesamiento de datos

- Definición de datos

- Datos de limpieza

- Organización de datos

- Comprender los datos

- Desarrollar algoritmos de acuerdo con la mencionada comprensión de los datos

Dado el hecho de que su trabajo principal no está tanto relacionado con la programación per se, sino con la enseñanza de máquinas mediante el uso de un lenguaje que pueden entender, tiene mucho sentido que utilice un lenguaje de programación simple. Y ahí es precisamente donde Python entra en escena.

Con conceptos complejos de álgebra lineal y cálculo utilizados en la programación de aprendizaje automático, desea minimizar su esfuerzo tanto como sea posible - y una de las mejores maneras de hacerlo es mediante la implementación de la programación mediante Python.

Los datos importan

El aprendizaje automático tiene que ver con los datos: la forma en que se estructuran, comparten, agrupan y analizan. Sin embargo, los datos vienen en una multitud de facetas - imágenes, vídeo, documentos de idioma, archivos de audio, y así sucesivamente.

La "cosa" con los datos es que rara vez viene de una manera estructurada, especialmente en entornos de aprendizaje automático, donde la naturaleza misma de la industria se trata de procesar datos sin procesar. Por lo tanto, cuando se obtiene toda la información que tiene para alimentar una máquina con, lo más probable es que será muy crudo, muy desestructurado, y, en general, *muy malo.*

Ahí es donde Python entra en acción para ayudar. Debido a su naturaleza muy organizada, Python puede ayudarle a organizar los datos que alimenta en máquinas, y hay varias maneras de hacerlo:

Paquetes

Los paquetes son una parte fundamental de Python, y más aún cuando se trata de proyectos de aprendizaje automático. El hecho de que haya una colección muy grande y una pila de códigos de varias fuentes abiertas es muy útil para los programadores que trabajan con el aprendizaje automático. Estas bibliotecas son de oro verdadero para cualquier persona que quiera crear programas de aprendizaje automático y aprendizaje profundo y pueden ser excelentes fuentes incluso para principiantes.

Algunas de las bibliotecas más populares incluyen las siguientes:

- Para trabajar con datos de imagen: numpy, opencvy scikit

- Para trabajar con datos de texto: nltk, numpy, scikit

- Para trabajar con datos de audio: librosa

- Para trabajar con problemas de aprendizaje automático: pandas, scikit

- Para trabajar con el aprendizaje profundo: tensorflow, psytorch

- Para el trabajo de computación científica: scipy

- Para aquellos momentos en los que desea ver los datos de la forma más clara posible: Matplotlib, seaborn y scikit

- Para la integración de aplicaciones web: Django

Todas estas bibliotecas están llenas de módulos que se pueden instalar fácilmente en Python para su propio uso. Debido a que son de código abierto, son libres de usar en cualquier contexto, agregando aún más beneficios a la programación de Python.

Si no se siente cómodo utilizando módulos creados por otra persona, también puede implementar su funcionalidad desde cero. Esto puede ser un poco más difícil para un principiante, pero definitivamente puede valer la pena si desea asumir el desafío y asegurarse de que sus códigos están escritos por usted desde cero.

El problema de la velocidad

Python tiene una larga lista de beneficios que lo hace crecer en popularidad de un año a otro. Al mismo tiempo, no sería realista decir que Python no tiene absolutamente ninguna desventaja - lo hace, y uno de los más significativos es porque necesita un buen sistema para ser utilizado. Tanto el procesador como la memoria deben ser bastante buenos para ejecutar Python correctamente - sin estos elementos, Python será lento porque toma demasiado espacio. C y C++, por otro lado, también pueden funcionar en computadoras menos que grandes.

Algunos desarrolladores eligen implementar redes neuronales en Python solo para tareas concretas, pero siguen usando C para la implementación porque es más rápido. ¿La gran noticia? Se está desarrollando una mezcla entre Python y C (y se llamará, no es de extrañar, *Cython)*. Este nuevo lenguaje de programación está destinado a hacer las cosas tan rápido sin trabajo como en C y tan legible como lo son en Python, reuniendo lo mejor de los dos mundos.

Cómo usar Python para el aprendizaje profundo

Hay, por supuesto, técnicas y tácticas específicas utilizadas en el aprendizaje profundo con Python - y aunque el objetivo de esta sección no es mostrar *todo* lo que hay para el aprendizaje profundo de Python, con suerte le mostrará algunos de los elementos esenciales que necesita tener en cuenta en este camino.

Estructura básica de datos

No tiene sentido tratar de entender cómo funciona Python en el aprendizaje automático si no entiende primero los conceptos básicos detrás de la estructura de datos. En otras palabras, usted tiene que entender cómo las máquinas, "pensar" y cómo perciben los datos con el fin de ofrecer los mejores resultados.

Todo comienza con un byte - este es el,átomo" de la computadora, la unidad más pequeña basada en la que puede trabajar. Cada línea de código en el Universo conocido está escrita con esta unidad en mente.

Existen varios tipos de estructuras de datos:

1. Matrices - el tipo más básico de estructura de datos, con matrices lineales y matrices unidimensionales siendo el más simple. Una matriz siempre contendrá valores del mismo tipo (por ejemplo, enteros, cadenas, etc.). Además, puede acceder rápidamente a los elementos de una matriz.

   Además, el tamaño de una matriz siempre será fijo y se definirá desde el principio. Una vez hecho esto, no puede aumentar su tamaño sin crear una nueva matriz que sea más grande y copiar todos los valores antiguos en la nueva matriz.

Las matrices son matrices bidimensionales (al igual que las matrices matemáticas se representan mediante cuadrículas bidimensionales). En algunas situaciones, es posible que encuentre la palabra "vector" utilizada para hacer referencia a una matriz. Sin embargo, esto no es necesariamente 100% correcto, ya que las tuplas son un concepto matemático más correcto para conectarse a matrices.

En general, las matrices se utilizan para las implementaciones de tablas (más específicamente, buscar tablas). Como resultado, las personas a veces usan el término " tabla" como sinónimo de "matriz".

Casi todos los programas creados por la humanidad utilizan matrices, ya que se encuentran entre las estructuras de datos más antiguas y comunes.

2. Listas vinculadas: conjuntos de datos vinculados entre sí por referencias. "Nodos" es con frecuencia el término utilizado para referirse a los datos en las listas vinculadas, mientras que las referencias se llaman con frecuencia, "enlaces" o "punteros."

En el caso de las listas vinculadas, los punteros se comparan solo para la igualdad. Como resultado, las estructuras de datos vinculadas son muy diferentes en esencia que las matrices.

3. Pila - estructura de datos básica definida por el hecho de que se puede concebir lógicamente como una estructura de datos lineal que se representa mediante pilas físicas o pilas. Debido a que

viene como una *pila,* cualquier eliminación o inserción de elementos sólo se puede hacer en un extremo de la pila (llamado muy intuitivamente "la parte superior de la pila").

Para tener una mejor idea de lo que son las pilas, imagine un montón real de libros. No se puede tomar un libro desde el centro de la pila sin desmoronar toda la construcción en pedazos - por lo que sólo se puede quitar uno por uno cuando están en la parte superior de la pila.

4. Cola - tipos de datos abstractos que muestran la característica básica de tener un primer elemento que se inserta desde un extremo de la estructura (llamado la "cola") y tener la eliminación de un elemento existente del otro extremo de la estructura (llamado "la cabeza").

Para entender mejor las colas, imagine a la gente que espera entradas para el cine. La primera persona allí será la que compre un billete, y la última persona en la misma línea será la última en comprar un billete.

5. Gráficos - tipos de datos abstractos creados con el propósito de implementar el concepto homónimo de las matemáticas.

Los gráficos consisten en un conjunto finito de pares ordenados (denominados "bordes") de nodos y vértices. Al igual que en matemáticas, se dice que los bordes apuntan de X a Y, mientras que los nodos se pueden incorporar en la estructura del gráfico o actuar como entidades externas (que están representadas por referencias o índices enteros).

6. Los árboles - tipos muy avanzados de estructuras de datos, conectados muy estrechamente a la inteligencia artificial y el diseño. A pesar de sus atributos avanzados, el árbol suele ser importante en una aplicación muy básica, lo que garantiza un índice eficiente.

   Los árboles e índices con frecuencia vienen de la mano. Además, un árbol normalmente tendrá una estructura definida. Si tiene que utilizar un árbol binario, puede hacer uso de una búsqueda binaria que le permitirá localizar cualquier elemento en el árbol sin buscarlo "manualmente".

7. Tablas hash: matrices en las que cada índice está conectado a una lista vinculada. La conexión se realiza en función de un valor hash y un valor hash viene determinado por una función hash.

Aprender Python: Más que lo básico

Definitivamente no te estoy aconsejando que saltes más allá de los conceptos básicos de Python si no los has dominado completamente. Probablemente puede moverse a lo largo de tareas más o menos básicas sin comprender completamente las obras internas de Python, pero esto será de corta duración. Además, simplemente copiar código pegado de las bibliotecas representa un gran riesgo de eventualmente conducir a errores que no se pueden eliminar por su cuenta.

La práctica mejora - es una declaración que se mantiene tan verdadera cuando se trata de aprendizaje Python como para el ejercicio físico, las matemáticas o incluso los esfuerzos artísticos.

Los conceptos básicos están destinados a darle un sólido comienzo de salto en el ámbito de Python y el aprendizaje profundo - pero ir más allá de eso y practicar constantemente es la clave para impulsarse hacia adelante, al igual que toda esta industria se basa en el autoaprendizaje.

Todo este libro hasta ahora tenía un objetivo muy claro: presentarte en el mundo del aprendizaje profundo a través de Python como lenguaje de programación. Es comprensible cómo toda la información aquí podría ser muy nueva para usted y cómo podría sentirse todo abrumador. Aunque apenas hemos arañado la superficie, espero que todos los consejos y toda la información aquí te hayan hecho curioso.

Dedicaré el último capítulo de este libro a ayudarles a comprender la grandeza del aprendizaje profundo, desde sus días muy incipientes hasta cómo está creciendo constantemente fuera de su propia concha en tiempos contemporáneos.

Además, discutiremos las implicaciones éticas de la inteligencia artificial y el aprendizaje profundo, precisamente porque estoy más que seguro de que usted tiene preguntas en esa área también. Soy un firme creyente en el poder de la ética y en cómo deben dar forma al futuro, no sólo del aprendizaje profundo, sino de la humanidad en su conjunto. Con el aprendizaje profundo (y la inteligencia artificial en general), las implicaciones éticas se vuelven aún más importantes, especialmente porque hay mucha gente todavía temerosa sobre el futuro del aprendizaje automático.

Espero que hayan disfrutado de su lectura hasta ahora - y realmente espero que mi último capítulo aquí le ayudará a crecer más curioso y más ávido para más y más información relacionada con este fascinante campo.

Capítulo 9

El futuro está aquí: ¿Estás listo?

Muchas de las cosas que podemos hacer hoy fueron mera ciencia ficción en algún momento de la historia de la humanidad. Volar, por ejemplo, se consideraba que pertenecía al reino de la ficción pura cuando Julio Verne estaba imaginando mundos donde la gente puede viajar alrededor del mundo en un globo volador. Claramente, si alguien se hubiera presentado en ese entonces y dijera que se *puede* hacer, la gente habría clasificado inmediatamente a esa persona como "loca".

Avance rápido poco más de cien años y la gente puede viajar por todo el mundo por aire por precios más bajos que nunca.

Hasta no hace mucho tiempo, las máquinas capaces de tomar decisiones y hacer predicciones también estaban en el ámbito de la ciencia ficción. Claro, podría haber habido un par de personas "locas" que creían que se puede hacer, pero para la mayor parte de la población, nadie imaginaba hasta dónde llegaríamos en este campo de la ciencia (y lo poco que se necesitaría para que el efecto bola de nieve se iniciara).

Te guste o no, el futuro está aquí y muy pronto, todo el mundo tendrá refrigeradores enviándoles un mensaje de texto para comprar leche, ropa para ajustar automáticamente la temperatura corporal, y coches automáticos para llevarnos a donde queramos.

La cuestión no radica en si estas innovaciones se convertirán o no en la *norma,* sino en *cómo* vamos a incorporar todas estas novedades en nuestras vidas de una manera que mantenga nuestra integridad, nuestra privacidad y nuestra propia esperanza de una mejor Existencia.

La ética de los datos y la ética de la IA tienen como objetivo responder a todas estas *preguntas.* Como programador, es posible que no te importe tanto la ética en general, pero si quieres sentir que te refieres a algo más grande que los meros códigos y un trabajo que trae un buen sueldo, este capítulo es para ti.

La ética puede no tener nada que ver con la programación, pero cuando sus programas tienen un impacto tan grande en la humanidad en su conjunto, definitivamente necesita acostumbrarse a las mejores prácticas desde un punto de vista ético.

En este capítulo hay tres áreas principales: la recopilación de datos, los puestos de trabajo y las implicaciones de las innovaciones que cambian la vida que aporta el aprendizaje profundo. Antes de llegar a esos temas, sin embargo, quiero hacer un corto viaje en el tiempo, a los comienzos del aprendizaje profundo, y para mostrarles lo lejos que hemos llegado en este campo del conocimiento.

El propósito de estos subcapítulos no es necesariamente darle lecciones de historia, sino mostrarles que las cosas se están moviendo rápidamente y que las implicaciones éticas de lo que estamos haciendo hoy deben moverse de acuerdo con la evolución del aprendizaje profundo y la inteligencia artificial. Quiero mostrarles que las cuestiones éticas tienen que ser manejadas *ahora,* no en un momento posterior, porque *ahora* es el momento adecuado para un campo que cambia drásticamente de un mes a otro.

Esperemos que este capítulo te resulte útil en dos aspectos: te hará sentir curiosidad por el fantástico campo de la inteligencia artificial (y por lo tanto, más ansioso por aprender sus complejidades desde el punto de vista de un programador) y te ayudará a encontrar el tuyo propio , "lugar" en el gran esquema de las cosas.

La historia del aprendizaje profundo

Aunque vanguardista y futurista, el aprendizaje profundo no nació ayer. Hay una larga lista de momentos que nos llevaron a este punto particular en el tiempo y el espacio en términos de cómo el aprendizaje profundo ha evolucionado a lo largo de las décadas.

Cada vez que se hacen nuevos descubrimientos en el ámbito del aprendizaje profundo, se producen interrupciones masivas en el mundo, especialmente en el mundo de los negocios, pero en la sociedad y la economía en su conjunto.

Hoy en día, el aprendizaje profundo se define como una rama del aprendizaje automático capaz de utilizar algoritmos para el procesamiento de datos para imitar los procesos de pensamiento de los seres humanos (e incluso desarrollar abstracciones). Como se mencionó anteriormente en el libro, el aprendizaje profundo utiliza diferentes capas de estos algoritmos para pasar la información a través de ellos secuencialmente (por lo que la salida de la primera capa se convierte en la entrada de la segunda capa, y así sucesivamente hasta que la información ha pasado a través de todo las capas algorítmicas).

Sin embargo, el aprendizaje profundo no siempre fue tan sofisticado. Tardaron décadas antes de que el aprendizaje profundo se convirtiera en esto, y tardaron décadas antes de que el aprendizaje profundo (y la inteligencia artificial en general) se aceptaran como una ciencia adecuada.

La historia del aprendizaje profundo comienza en 1943, cuando dos grandes mentes decidieron crear un modelo informático que imitaba las redes neuronales del cerebro humano. Wallen McCulloch y Walter Pitts hicieron uso de sus conocimientos matemáticos y algorítmicos para crear este proceso.

Desde ese momento, el aprendizaje profundo ha evolucionado año tras año, a un ritmo relativamente constante. Hubo dos momentos que marcaron la historia del aprendizaje profundo tal como la conocemos hoy en día. El primero fue cuando, en 1960, Henry J. Kelley creó un modelo continuo de propagación posterior. El mismo modelo fue simplificado por Stuart Dreyfus dos años más tarde, en 1962, lo que marcó el segundo gran momento en la evolución del aprendizaje profundo.

Tres años más tarde, los primeros esfuerzos para desarrollar algoritmos de aprendizaje profundo comenzaron a tomar forma, cuando Alexe y Grigorevich Ivakhnenko y Valentin Grigorevich Lapa crearon funciones de activación de modelos polinómicos, y fueron analizados estadísticamente.

La lenta evolución y algunas de las decepciones relacionadas con la inteligencia artificial retrasaron la industria en la década de 1970, cuando se dispusiera de menos fondos para tales esfuerzos. Sin embargo, la investigación continuó, a pesar de la falta de fondos.

A finales de los años 70, otro avance tomó forma, cuando Kunihiko Fukushima diseñó redes neuronales que tenían múltiples capas (tanto agrupadas como convolucionales). La red neuronal creada entonces estaba bajo el nombre de Neocognitron y utilizaba un diseño jerárquico de varias capas, que permitía a las computadoras reconocer patrones visuales.

La propagación posterior también fue un gran avance en el campo del aprendizaje profundo. Esta técnica permitió que el entrenamiento del modelo de aprendizaje profundo usara errores en sus procesos. En la década de 1970, Seppo Linnainmaa escribió FORTRAN, un código para la propagación posterior. Hacia mediados de la década de 1980, este concepto comenzó a aplicarse también a las redes neuronales.

Más tarde, en 1989, Yann LeCun hizo la primera demostración práctica de cómo funciona la propagación posterior, mostrando cómo este concepto le ayudó a entrenar una máquina para leer los números de los cheques que fueron escritos a mano.

En 1995, se desarrolló el primer soporte de máquina vectorial, un sistema capaz de reconocer y mapear datos similares. Cuatro años más tarde, las computadoras comenzaron a adoptar el procesamiento de GPU para el aprendizaje profundo. Esto impulsó mucho más a toda la industria, ya que las nuevas capacidades computacionales permitieron a las máquinas de aprendizaje profundo procesar información a velocidades mucho más altas. A finales de la década de 1990 fue el comienzo de una nueva era en el aprendizaje profundo y la inteligencia artificial - por primera vez, los sueños de ciencia ficción de la década de 1950 se estaban convirtiendo en una realidad palpable.

A partir de la 2000, el aprendizaje profundo auge y evolucionó a un ritmo mucho más alto. A principios de los milenios, una investigación llevada a cabo por el actual Gartner (antiguo Grupo META) presentó desafíos y oportunidades para el crecimiento de datos 3D. Este fue el comienzo del Big Data (aunque el concepto se ha convertido en una palabra de moda sólo en los últimos años, sus comienzos se remontan a ese artículo de investigación de 2001).

En 2009, se utilizaron más de 14 millones de imágenes etiquetadas como entradas para entrenar redes neuronales en un experimento llamado ImageNet. Debido al alto aumento de la potencia de la GPU, ya no había necesidad de preentrenar todas las capas de una red neuronal, lo que condujo a un proceso más rápido y eficiente que finalmente permitió que los datos de imagen se procesaran correctamente, coherente y rápidamente.

En 2012, Google Brain impulsó aún más el aprendizaje profundo con su Cat Experiment. Este objetivo de los experimentos era explorar los principales desafíos del aprendizaje automático no supervisado. Más de 10 millones de imágenes sin etiquetar fueron tomadas de fuentes aleatorias (incluyendo YouTube) y la entrada en una red neuronal que se extendió a través de no menos de 1.000 computadoras. Ese año marcó el comienzo del aprendizaje no supervisado en el sentido más pleno de la palabra.

Como se puede ver, hay un efecto bola de nieve desencadenado por ciertos momentos clave en la evolución del aprendizaje profundo. Cuantos más avances se hagan, más grande será la bola de nieve y más rápido se mueva hacia el objetivo final. Los comienzos del aprendizaje profundo y la inteligencia artificial pueden haber sido más lentos y la industria puede haber tenido algunos contratiempos a lo largo del camino - pero con los gigantes tecnológicos invertidos en este campo, hay una muy buena probabilidad de que las cosas se muevan aún más rápido a partir de ahora.

Te guste o no, el mundo tiene que estar preparado para.inteligencia artificial "verdadera" más pronto que tarde.

Aplicaciones de aprendizaje profundo

Lo mejor del aprendizaje profundo, el aprendizaje automático y la inteligencia artificial es que no es sólo pura teoría. Hoy en día, el aprendizaje profundo tiene aplicaciones muy tangibles que hacen no sólo un campo interesante para trabajar, sino también muy generoso desde el punto de vista de las ofertas de empleo en el mercado.

Casi no hay ningún campo conocido por la humanidad que no haya sido tocado por el aprendizaje profundo todavía - y que sólo puede ser una gran noticia para alguien como usted, que quiere empezar a programar el aprendizaje automático.

Algunas de las aplicaciones de aprendizaje profundo más conocidas incluyen las siguientes:

Reconocimiento automático de voz

Este es, con mucho, uno de los campos más exitosos del aprendizaje profundo. Las máquinas de reconocimiento automático de voz a gran escala pueden realizar tareas muy complejas (a veces denominadas "tareas de aprendizaje muy profundo") que incluyen eventos de voz en intervalos de varios segundos.

¿Quién usa esto?

Prácticamente todos los sistemas de reconocimiento de voz comercial en el mundo: Cortana, Skype Translator, Google Now, Baidu, Siri de Apple, etc. Todos estos asistentes se basan en el reconocimiento de voz de aprendizaje profundo - y son utilizados por millones de personas en todo el mundo sobre una base diaria.

Reconocimiento de imágenes

Además, muy impresionante, el reconocimiento de imágenes basado en el aprendizaje profundo ha logrado llegar a ser casi sobrehumano, siendo capaz de producir resultados que son más precisos que los de los competidores humanos reales.

Una de las aplicaciones más interesantes del reconocimiento de imágenes en el aprendizaje profundo es fDNA (Facial Dysmorphology Novel Analysis), una herramienta de aprendizaje automático que se utiliza para analizar la malformación humana relacionada con los síndromes genéticos.

Procesamiento de arte visual

Las tareas de arte visual también han sido tocadas por el aprendizaje profundo. Estas máquinas entrenadas ahora son capaces de identificar el período de estilo específico de una pintura y aplicarlo a cualquier fotografía para crear imágenes que sean impactantes y se asemejen a la estilística del período de estilo original que se analizó.

Procesamiento del lenguaje natural

Esto está relacionado principalmente con la traducción automática y el modelado de idiomas, dos campos que adoptaron el aprendizaje automático ya en los primeros años de la década de 2000.

Uno de los ejemplos más relevantes de cómo se aplicó el aprendizaje profundo en el campo de la linguística es Google Translate. Aunque muchos argumentarían que las traducciones dadas por la herramienta de traducción de Google no son exactas, lo cierto es que se han vuelto cada vez mejores con los años. La razón por la que son mucho mejores ahora que lo que solían ser es porque el aprendizaje profundo se utilizó en la evolución de Google Translate.

La gran red de memoria de final a fin a corto plazo empleada por Google Neural Machine Translation aprende de millones de ejemplos que se introducen en el sistema todos los días. Esto ha permitido a la herramienta ser capaz de traducir oraciones enteras, en lugar de sólo piezas, ayudando así a los usuarios a tener mucho más sentido de las traducciones dadas por esta herramienta.

Gestión de relaciones con el cliente (CRM)

Aplicado principalmente en el comercio electrónico y otros esfuerzos comerciales similares, CRM y aprendizaje profundo se conectan a través de acciones de marketing directo generadas por variables RFM (Recency, Frequency, and Monetary Value). Estas herramientas de traducción automática permiten a los propietarios de comercio electrónico, por ejemplo, crear una mejor evaluación del valor de la vida del cliente (y, por lo tanto, tomar decisiones de marketing y negocios basadas en eso).

Bioinformática

El aprendizaje profundo también se utiliza en el campo de la bioinformática, para predecir anotaciones ontológicas genéticas, así como las relaciones entre genes y funciones.

Además, el aprendizaje profundo se ha utilizado para predecir la calidad del sueño de una persona en función de los datos recopilados por algunos tipos de wearables (como los relojes inteligentes). El mismo principio se aplica en la predicción de complicaciones de salud basadas en los datos electrónicos de registros de salud también.

Análisis de imagen médica

La atención médica y la medicina obtienen muchos beneficios del uso del aprendizaje profundo, incluso en la subrama del análisis de imágenes médicas. Más específicamente, el aprendizaje profundo ha mostrado resultados impresionantes en la clasificación de células cancerosas, la mejora de la imagen, la segmentación de órganos y la detección de lesiones.

Publicidad en línea

La publicidad en línea (y más específicamente, la publicidad móvil) también emplea herramientas de aprendizaje profundo para encontrar el público adecuado para dirigirse a sus anuncios. La razón por la que el aprendizaje profundo resulta ser muy útil en este campo es porque hay que tener en cuenta una gran cantidad de puntos de datos, lo que hace que la segmentación adecuada de anuncios en línea sea un reto.

Detección de fraude financiero

Los sistemas creados con el propósito de la lucha contra el blanqueo de dinero y la detección de fraudes también han tenido bastante éxito. Estas herramientas de aprendizaje profundo son capaces de detectar y reconocer las relaciones y similitudes entre los diferentes tipos de datos, de modo que finalmente detectan anomalías.

Por supuesto, estas son sólo algunas de las aplicaciones del aprendizaje profundo. Cada día, se crean nuevos sistemas de aprendizaje profundo para nuevos campos de interés, ayudando a los seres humanos a lograr mejores resultados en su gama de experiencia. Las vidas se salvan, las personas se entretienen, las empresas crecen más rápido debido a la aparición de estas tecnologías de aprendizaje profundo - y, como mencioné anteriormente en este libro, toda la investigación señala que la tendencia del aprendizaje profundo no hace más que crecer.

Bienes de consumo

El aprendizaje automático utiliza el procesamiento de lenguaje natural para crear productos que, si no son más útiles, es sin duda más interesantes para los usuarios. Por ejemplo, Hello Barbie es una muñeca capaz de escuchar y responder al niño jugando con ella.

Coca-Cola también está usando el aprendizaje profundo. Podría ser sorprendente, ya que son, después de todo, una compañía de refrescos. La forma principal en que utilizan el aprendizaje automático es mediante el uso de los datos que recopilan de los millones de compradores de todo el mundo para crear nuevos productos e incluso crear máquinas de realidad aumentada en sus plantas.

Artes Creativas

Watson, el famoso ordenador IBM que ganó un *Jeopardy!* competencia ahora es capaz de ayudar a los chefs de restaurantes a hacer las mejores combinaciones de alimentos para crear los sabores más únicos. Esto es, en sí mismo, una forma de arte, demostrando que *hay* espacio para la IA en el arte.

Además, Watson también ha ayudado a los artistas humanos a crear obras de arte basadas en la historia y la cultura de Barcelona y el estilo de la obra de Gaudí. Los resultados son interesantes (por decir lo menos), ya que esta es la primera vez que la inteligencia artificial se ha utilizado para un esfuerzo puramente artístico.

Por último, pero no menos importante, Watson también es capaz de procesar millones de fuentes de datos para inspirar nuevas canciones dando a los compositores diferentes elementos musicales para utilizar en su trabajo. En estos casos, la inteligencia artificial ayuda a los artistas musicales a entender lo que le gusta (o no le gusta a su audiencia), para que puedan crear música que será apreciada.

Energía

BP, el líder mundial en la industria energética, está utilizando big data e IA para mejorar el uso de los recursos. Además, están haciendo que la producción de petróleo y gas y el refinamiento sean más seguros y fiables para todos.

Además, GE, otro gigante energético, está utilizando el poder de la IA para crear lo que llaman una "planta de energía digital", una planta de energía más eficiente y fiable en todos los aspectos.

Fabricación

Muchos fabricantes de automóviles utilizan los datos recogidos por sus coches para predecir cuándo ciertas piezas fallarán (o simplemente cuando los coches necesitan mantenimiento). Esto hace que los coches sean más seguros tanto para quienes los conducen como para los demás participantes en el tráfico.

Además, muchos fabricantes de automóviles (incluido BMW) están utilizando inteligencia artificial para desarrollar coches que son totalmente autónomos y pueden ser conducidos sin ningún tipo de intervención humana.

Por último, pero no menos importante, incluso el mundo de la agricultura se conmueve por el aprendizaje profundo. Los fabricantes de tractores utilizan la inteligencia artificial para proporcionar a los agricultores un mejor análisis de cultivos, así como la oportunidad de automatizar muchos de los procesos involucrados en la agricultura.

Aprendizaje Profundo Hoy, Día A Día

Para ayudarle a entender cuán profundo es el campo del aprendizaje profundo y cuánto ha cambiado la vida de todos, dedicaré esta sección a mostrarle ejemplos específicos de aprendizaje profundo y cómo se utiliza en su infinidad de aplicaciones.

Tenga en cuenta, esto no está destinado a anunciar ningún tipo de producto o servicio, pero para mostrarle que el aprendizaje profundo es mucho más común de lo que mucha gente piensa y que no es un campo perteneciente a los niveles más altos de cada industria, pero uno que nos pertenece a todos a algunos Grado.

Así que, sin más preámbulos, vamos a sumergirnos en:

Curación de imágenes en Yelp

Aunque Yelp puede no ser tan popular como solía ser, todavía tiene un papel muy importante que desempeñar en la forma en que las personas experimentan los nuevos lugares en sus áreas de vida (o los diferentes lugares que visitan como turistas, por ejemplo).

Al principio, Yelp puede parecer cualquier cosa menos una empresa de tecnología, pero están utilizando el aprendizaje automático real para asegurarse de que sus usuarios vuelvan al sitio porque les proporciona información real y útil.

Más específicamente, Yelp ha desarrollado un sistema de aprendizaje automático capaz de clasificar, categorizar y etiquetar imágenes enviadas por los usuarios, pero lo que es más importante, este sistema ayuda a Yelp a hacer esto de una manera genuinamente eficiente. Esto es extremadamente importante para la empresa, dadas las enormes cantidades de datos de imagen que reciben todos los días.

Contenido de Pinterest

¿Quién sabía que la búsqueda de ideas de bodas en Pinterest está alimentada por el aprendizaje automático?

El objetivo principal de Pinterest es el de la curación de contenido existente, por lo que tiene todo el sentido en el mundo que han invertido en aprendizaje automático para hacer este proceso más rápido y más preciso para sus usuarios.

El sistema desarrollado por Pinterest es capaz de moderar el spam y ayudar a los usuarios a encontrar contenido que sea más relevante para sus propios intereses, sus estilos y sus búsquedas.

Chatbots de Facebook

En este punto, es más que probable que haya tropezado con al menos un chatbot en Facebook Messenger.

Estos chatbots aparentemente simplistas son, de hecho, una forma de inteligencia artificial primordial. Claro, Skynet no está escribiendo desde el otro extremo de la caja de comunicación, pero aún así, los chatbots son un subcampo fascinante de la inteligencia artificial - uno que se está desarrollando de manera bastante constante.

Facebook Messenger permite a cualquier desarrollador crear y enviar sus propios chatbots. Esto es increíblemente útil para una variedad de empresas que enfatizan su servicio al cliente y retención, porque estos chatbots se pueden utilizar para este propósito preciso. A veces, los chatbots de Messenger están tan bien construidos que es posible que ni siquiera te des cuenta de que estás hablando con un "robot".

Aparte de los chatbots, Facebook invierte mucho en el desarrollo de herramientas de IA capaces de leer imágenes a personas con discapacidad visual, herramientas capaces de filtrar spam y contenido malo, etc.

De alguna manera, una empresa que tal vez no parece tener mucho que ver con la innovación tecnológica está sobrepasando los límites de uno de los campos más emocionantes del mundo de la tecnología: la inteligencia artificial.

Las máquinas dreamy de Google

Google es una de las empresas que invierten constantemente en inteligencia artificial (a menudo, con resultados sorprendentes). No sólo han desarrollado sistemas de traducción basados en el aprendizaje automático, sino que prácticamente todas las áreas de su actividad están algo relacionadas con la inteligencia artificial también.

No te dejes engañar - Google tiene sus manos en mucho más que los motores de búsqueda. En los últimos años, han invertido mucho en una amplia gama de industrias, incluyendo dispositivos médicos, tecnología antienvejecimiento y, por supuesto, redes neuronales.

La red DeepMind es, con diferencia, uno de los proyectos de investigación de redes neuronales más impresionantes que google ha ejecutado. Esta red ha sido apodada como la "máquina que sueña" cuando las imágenes recreadas por ella fueron publicadas al público, abriendo los ojos de todos a cómo la inteligencia artificial, "percibe" el mundo.

Búsqueda por voz de Baidu

Dado que China es el país líder en investigación de inteligencia artificial, sólo tiene sentido que su empresa líder en búsquedas, Baidu, también esté fuertemente invertida en el ámbito de la inteligencia artificial.

Uno de los ejemplos más notables aquí es su sistema de búsqueda por voz que ya es capaz de imitar el habla humana de una manera que lo hace una forma indistinguible, bueno, el habla humana *real*.

Watson de IBM

No podríamos haber perdido a Watson de esta lista, sobre todo porque este es uno de los primeros esfuerzos de inteligencia artificial impresionantemente exitosos en la historia.

La mayoría de la gente conoce Watson de IBM por su participación en *Jeopardy!* , pero la supercomputadora construida por el gigante de la supertecnología IBM puede hacer *mucho* más que simplemente competir en espectáculos televisados.

De hecho, Watson ha demostrado ser muy útil para los hospitales, ayudándoles a proponer un mejor tratamiento en algunos casos de cáncer. Dada la importancia primordial de este tipo de actividad en la medicina, se puede decir que Watson ayuda a salvar vidas reales, lo que es un ejemplo realmente grande de cómo la IA puede servir a la humanidad.

CRM inteligente de Salesforce

Salesforce es una de las empresas tecnológicas líderes, específicamente en el campo de las ventas y el marketing, donde la herramienta ayuda a las empresas a maximizar su potencial de ventas y a cerrar más acuerdos con sus clientes.

Salesforce se basa en una herramienta de aprendizaje automático que puede predecir clientes potenciales y asignar puntuaciones para cada uno de ellos. Para los vendedores y los profesionales del marketing, esta es una verdadera mina de oro porque hace que todo el proceso de venta sea más suave, más fluido y, en general, más eficiente.

¿De dónde vienes, adónde vas, aprendizaje profundo?

Claramente, los avances de aprendizaje profundo son bastante fascinantes. Muchos los dan por sentado simplemente porque la velocidad a la que se han desarrollado en los últimos años significa que cada año trae una nueva herramienta al mercado - una herramienta para usar en medicina, atención médica, negocios, comercio, y más.

El futuro del aprendizaje profundo no se puede predecir con certeza - si tuviéramos una IA ultra poderosa, podría ser capaz de hacer una predicción precisa de lo que sucederá a continuación. Aun así, los *cerebros humanos* creen que lo siguiente ocurrirá en los próximos años:

Mejor aprendizaje

Cuanto más aprenden, más poderosas se vuelven las máquinas. Tenemos un largo camino por recorrer antes de ver la primera IA completa que es capaz de imitar los procesos de pensamiento y las emociones - pero cuanto más iA esté aprendiendo, más rápido seguirá creciendo.

Como decía anteriormente en este libro, es un efecto bola de nieve - por lo que cuanto más ruede la "bola de aprendizaje automático", más grande se volverá, y más fuerza tendrá.

Mejor protección contra ataques cibernéticos

Mientras que los seres humanos podrían ser capaces de superar los códigos creados por los seres humanos, podría ser un poco más difícil para los hackers entrar cuando una IA está protegiendo los reinos de los datos en poder de una empresa. Pronto, la inteligencia artificial será capaz de mejorar la supervisión, la prevención y las respuestas cuando se trata de violaciones de bases de datos, ataques DDoS y otras amenazas cibernéticas.

Mejores Modelos Generativos

Los modelos generativos tienen como objetivo imitar a los seres humanos tanto como pueden, en áreas muy específicas. El ejemplo de Baidu en la sección anterior es un muy buen indicador aquí. En los próximos años, empezaremos a ver muchos más de estos modelos generativos muy convincentes, hasta el punto de que no podremos hacer una clara distinción entre humanos y máquinas (al menos en algunos aspectos).

Mejor entrenamiento para máquinas

La formación en aprendizaje automático es bastante nueva, dada la rápida ascensión de esta industria en las últimas dos décadas. Sin embargo, cuanto más entrenemos nuestras máquinas, mejor nos volveremos en él, y esto significa que las propias máquinas podrán tomar decisiones mejores y más precisas.

Aprendizaje profundo y sus implicaciones éticas

Como decía al principio de este capítulo, es importante discutir las implicaciones éticas del aprendizaje automático - y más específicamente, es crucial que discutamos *ahora,* ya que este es el momento en que el aprendizaje automático está *sucediendo* .

Posponer las discusiones en esta dirección no puede conducir a nada bueno - no necesariamente en el sentido de que una IA todopoderosa nos derrocará, pero en el sentido de que todos los increíbles avances realizados en el campo de la inteligencia artificial, el aprendizaje automático y el aprendizaje profundo podría ser contraproducente contra la humanidad de alguna manera.

Hay *muchos* temas que discutir en relación con la ética detrás de los esfuerzos de inteligencia artificial, pero mi objetivo aquí es tocar algunas de las más importantes. Estos son los problemas que deben discutirse tanto por sus implicaciones a corto plazo como para sus consecuencias a largo plazo, los que deben estar en los cimientos mismos del futuro que estamos construyendo para nosotros mismos.

Sesgos de algoritmo

No importa cuán increíblemente bien construido según un algoritmo o máquina se construyan, son tan buenos como los datos que se alimentan en ellos.

Si usted está alimentando su cuerpo comida chatarra, su cuerpo sufrirá y poco a poco comenzará a funcionar incorrectamente (podría suceder tarde o temprano, pero los efectos de un estilo de vida pobre eventualmente comenzarán a estallar).

Lo mismo ocurre con los algoritmos también - si les alimentas datos de baja calidad, producirán resultados deficientes. Esto significa que incluso las máquinas están sesgadas, de acuerdo con los datos con los que trabajan.

Esto no sólo puede conducir a resultados de baja precisión, sino que también puede crear situaciones en las que las máquinas se alimentan con información que no es ética y/o inmoral, como datos racistas o datos sexistas). En estos casos, las máquinas no serían capaces de crear resultados que sean éticos o morales.

Esto sucedió, en realidad. Por ejemplo, algunos algoritmos asociados, "gente negra" con, "gorilas", por lo que cuando alguien buscó, "gorilas" en un motor de búsqueda, los resultados de la imagen daban fotos de personas negras.

Obviamente, esto plantea importantes cuestiones éticas. ¿Qué tipo de datos deben entrar en una máquina? ¿Quién selecciona esos datos? ¿Quién selecciona a la persona que selecciona esos datos?

Verdaderamente, la inteligencia artificial puede construir un mundo mejor y más uniformemente igualitario, pero si las personas detrás de los botones están en ella con sus propios sesgos personales, esto podría convertirse en un tema ético muy significativo.

Transparencia de algoritmo

De alguna manera, las máquinas de aprendizaje profundo ganan una "mente propia" - no necesariamente en el sentido de que son incontrolables (y empujarán todos los botones nucleares en el mundo a la vez), pero en el sentido de que ni siquiera ellos pueden entenderse a sí mismos.

Cuando un algoritmo está creciendo a un ritmo rápido, desarrollará métodos internos que son oscuros incluso para las personas que crearon el algoritmo en primer lugar. Por lo tanto, estas máquinas podrán hacer predicciones, pero no podrán explicar sus predicciones.

Esto puede tener implicaciones dañinas en la vida de las personas. Por ejemplo, si una empresa está utilizando software de aprendizaje profundo para seleccionar qué empleados se quedan y cuáles van cuando el negocio está reduciendo su mano de obra, la máquina generará nombres basados en un algoritmo que no explica su elección real y no toma en cuenta considerar factores humanos.

¿Dónde trazamos la línea entre la precisión y la transparencia y en qué debemos centrarnos? El RGPD de Europa es un muy buen ejemplo aquí, no necesariamente a través del prisma de la "bondad" de la propia legislación, sino a través del prisma del hecho de que el

RGPD nació de una discusión ética: ¿debe sacrificarse la precisión en nombre de la transparencia? Europa dijo, "sí", pero ¿qué dirán otras partes del Globo a continuación?

Supremacía del algoritmo

Esto es más un escenario apocalíptico de lo que me gustaría poner en discusión, pero ¿dónde se dibuja la línea cuando se trata de las decisiones que toman los algoritmos y las decisiones que toman los seres humanos?

Aún más, ¿cuál de estas partes terminará teniendo la última palabra? ¿Serán algoritmos porque son más precisos, o serán humanos porque, bueno, son más *humanos?*

Esto se vuelve cada vez más importante en situaciones donde las vidas humanas reales están fuertemente influenciadas por las decisiones tomadas por algoritmos y humanos.

Por ejemplo, hay algunas máquinas herramienta capaces de decidir las sentencias de prisión. Por un lado, algunos dicen que esta es una manera más precisa de calcular qué sentencia de prisión necesita recibir una persona (precisamente porque los seres humanos tienen sus propios sesgos y podrían verse afectados por una amplia gama de factores, incluyendo su estado de ánimo en un día en particular).

Por otro lado, los algoritmos sólo se alimentan con datos estadísticos, que podrían ser sesgados. Por ejemplo, las máquinas podrían encontrar que una persona negra es más propensa a cometer el mismo delito si su pena de prisión es más corta, y estarían tomando esta decisión basada en datos que estaban sesgados para empezar. Dado el hecho de que tenemos una historia de racismo, la máquina sólo estaría acumulando eso y tomando decisiones basadas en lo que la humanidad ha hecho hasta ahora.

En este tipo de situación, ¿quién debería tener la última palabra? ¿Un juez que no durmió bien durante las últimas tres noches y podría verse seriamente afectado por esto, o una máquina que ha sido alimentada con datos pobres?

Aún más, ¿cuáles son las implicaciones directas de elegir una opción u otra? ¿Podrán los prisioneros apelar la decisión porque fueron juzgados por inteligencia artificial sesgada? ¿Qué sucede cuando las máquinas racistas hacen llamadas de mal juicio, por ejemplo, pueden ser demandadas por discriminación?

Noticias falsas

En broma o no, "noticias falsas" es un término que ha crecido hasta ser inmensamente popular desde las elecciones presidenciales de Estados Unidos de 2016. Más allá de todos los memes y los chistes, sin embargo, las noticias falsas son un tema muy grande - uno que debe ser abordado de una vez por todas.

La inteligencia artificial es capaz de reunir toda la información que tienen sobre una persona en particular y crear historias falsas sobre ellos, para publicarlas en línea y difundirlas al mundo. Claramente, esto puede ser muy sesgado desde múltiples puntos de vista - y, con un poco de ayuda de un programador poco ético, puede conducir a noticias seriamente falsas.

Un problema similar aparece cuando se consideran vídeos falsos. Algunos sistemas de inteligencia artificial son tan inteligentes que pueden hacer parecer que una persona está diciendo algo en un video, cuando, de hecho, están diciendo algo completamente diferente. Estos sistemas son tan fluidos que hacen que sea casi imposible distinguir entre un video real y uno falso.

Esto puede ser un problema importante. Imaginen al presidente de los Estados Unidos de América apareciendo en un video, declarando que enviarán misiles nucleares a Irán, por ejemplo.

A menor escala, dado que los videos pueden ser falsificados a un nivel tan alto de perfección, ¿cómo pueden ser admisibles como evidencia en la corte? Y si los videos no son admisibles, ¿qué más puede ser más revelador y más realista?

Entonces, ¿dónde trazamos la línea entre lo real y lo falso, la obra y la realidad aterradora? ¿Quién debe monitorear estas cosas, cómo los usuarios pueden protegerse de noticias aparentemente reales que son 100% falsos?

Sistemas letales autónomos

El despliegue de drones en las guerras parece ser un enfoque más humano hacia los militares que no tienen que arriesgar sus vidas en enfrentamientos directos. Aún más, estos drones inteligentes serán capaces de decidir si matar o no a alguien sin necesidad de aprobación humana.

Sin embargo, esto plantea serios problemas en términos de moralidad. Por un lado, está claro que este tipo de armas asesinas pueden ser increíblemente peligrosas, porque, como todas las máquinas de aprendizaje profundo, seguirán mejorando al punto en que ni siquiera necesitan la dirección humana. ¿Qué pasa, entonces? ¿Cómo evitas que maten a personas al azar, o cómo les haces entender que el asesinato es inmoral?

Aún más, ¿cómo evitar que estas armas se construyan? ¿La prohibición de los sistemas letales autónomos impedirá que se desarrollen bajo tierra? Y si eso sucede, ¿no es mejor permitir que se creen y se utilicen sobre el suelo, donde pueden ser monitoreados de cerca y mantenidos bajo control.

Coches autónomos

Ser conducido en cualquier lugar sin tocar la rueda es un sueño para muchos de ustedes que podrían no ser particularmente aficionado sin conducir real.

Por el momento, no hay coches que se consideren 100% autónomos, pero incluso con el punto que estamos en este momento, todavía hay algunas preguntas éticas que tienen que ser respondidas antes de dejar que los coches autónomos nos conduzcan a todas partes.

Por ejemplo, se sabe que los coches autónomos matan a los peatones. ¿Quién es el responsable aquí? El conductor, que se ha anunciado que puede dejar que el coche hacer el trabajo para hm,

¿debe ser el ingeniero que programa la máquina? ¿Debería ser la empresa la que fabricó el coche?

Aún más, si un coche autónomo tiene la opción de conducir en un camión o en una persona en bicicleta en el lado de la carretera, ¿qué elegirá?

Estas son, por supuesto, preguntas muy importantes. En algún momento, los coches autónomos probablemente se volverán más seguros que el conductor medio, pero aún así, ¿qué sucede en aquellas situaciones en las que la máquina tiene que hacer una llamada de juicio entre dos malas decisiones? Además, una vez que los coches autónomos se convierten en la norma, ¿debería ser ilegal conducir un coche tradicional, como humano?

La delgada línea entre privacidad y vigilancia

Una cosa es saber que su tienda o su casa están equipadas con equipos de vigilancia de alta gama que tiene la capacidad de reconocer rostros y es una cosa completamente diferente para que este equipo de vigilancia se instale en espacios públicos, monitoreo, sin culpa, cada movimiento de cada persona en un país.

Suena como un escenario arrancado de una película distópica, pero Gran Hermano está más cerca de ti de lo que crees. Estos equipos existen y la idea de implementarlos en espacios públicos también existe. La motivación detrás de esto tiene sentido, ya que significa que los ciudadanos estarían mejor protegidos.

¿Qué sucede cuando la vigilancia traspasa los límites y se convierte en un importante problema de privacidad? Una vez más, ¿dónde trazas la línea entre proteger a tus ciudadanos y seguirlos como un cónyuge obsesionado y abusivo?

Aprendizaje profundo y recopilación de datos

Sin datos, no hay aprendizaje automático, ni aprendizaje profundo, ni inteligencia artificial. Pero a veces, las principales preguntas no residen en la forma en que implementamos la legislación que regula el *uso* de dichas máquinas y sistemas de inteligencia artificial, sino en la forma en que implementamos una legislación que regula los datos que se alimentan en estos sistemas.

Obviamente, estos datos provienen de una variedad de fuentes - y muchas veces, su propia actividad en Internet es el culpable de una miríada de información que está alimentando en varios tipos de sistemas de aprendizaje automático. Por ejemplo, cuando navegas por Amazon, estás ofreciendo a Internet mucha información sobre ti (incluso si lo estás haciendo inconscientemente).

Si está buscando cunas, Internet sabe que está esperando un bebé o alguien cercano a usted. Si está buscando un libro en particular, Internet sabe que está interesado en un tema (por ejemplo, podría estar interesado en mejorar su confianza en sí mismo, por lo que Internet sabrá que podría tener problemas en esa área).

Además de eso, la información que está publicando en las redes sociales, los anuncios en los que hace clic, los sitios a los que va - todos ellos te definen como un humano. Mientras que usted no puede estar gritando en voz alta cada contraseña que tiene y cada movimiento que hace en cada día, usted está alimentando una gran cantidad de datos en estos enormes centros de información.

GdpR (Reglamento General de Protección de Datos) vino como respuesta a todas las cuestiones que vienen con una gran cantidad de fuentes de datos. De acuerdo con este reglamento europeo, los usuarios tienen la opción de *elegir* si sus datos se utilizan o no para determinados fines. Puede optar por participar o no, pero su especificación tiene que ser cristalina, y tiene que recibir todos los altibajos de elegir una opción u otra.

GDPR es una de las posibles formas de tratar con la información personal y cómo es administrado por varias empresas, con varios propósitos. Probablemente el ejemplo más relevante en este sentido es el escándalo de Facebook y Cambridge Analytica de 2018. A raíz del escándalo, la gente de Estados Unidos se despertó con una realidad de la que no eran plenamente conscientes hasta entonces: lo que hacen en línea tiene consecuencias reales en la vida real, incluso si sus acciones son muy inocentes. Y la razón por la que esto sucede es porque hay empresas que maniobran enormes cantidades de datos - sobre ti, lo que haces todos los días, las cosas en las que haces clic, e incluso las cosas que simplemente dejas de ver mientras te desplazas a través de tu feed de Facebook.

Con todo, hay tres cuestiones principales que debe estar mirando al ofrecer o recopilar datos sobre usted, respectivamente sobre otras personas:

- Transparencia: ¿qué datos se recopilan y qué datos se comparten con terceros?

- Control: ¿cómo se comparten y utilizan sus datos? Por ejemplo, es posible que esté de acuerdo en compartir sus datos con fines de investigación médica, pero es posible que no esté de acuerdo con que se le vuelva a segmentar en los anuncios después de visitar un sitio.

- Límites de tiempo: ¿durante cuánto tiempo pueden usar sus datos? Sólo porque usted está de acuerdo con compartir información sobre usted ahora, no significa que siempre será así.

El problema de datos también debe examinarse desde el otro lado de la valla. Si las personas tienen tanto miedo de compartir información sobre sí mismas, ¿cómo obtendrán los vendedores y los programadores de IA los datos que necesitan para seguir adelante con sus esfuerzos? Como se mencionó anteriormente, no hay IA sin datos para alimentarse en ella, pero ¿cómo convencer a la gente de que compartir información sobre su historia clínica puede salvar vidas, y cómo convencer a la gente de que compartir datos sobre sus preferencias de libros podría en realidad darles algunas sugerencias de lectura bastante buenas para sus próximas vacaciones?

Claramente, el escándalo de Cambridge Analytica ha arrojado una nueva luz sobre todo este asunto, y lo ha hecho por todos los participantes en los datos, "juego": usuarios, empresas de recopilación de datos, comercializadores, empresas, etc.

¿Cómo se crea el equilibrio sin hacer que la gente sienta que se les ha robado su privacidad, pero aún así hacer avances en el campo de la inteligencia artificial? Teniendo en cuenta lo indignados que estaban muchos usuarios cuando se enteraron de lo que Facebook estaba haciendo con su información, se puede suponer bastante que esto podría ser un bache bastante significativo en el camino.

Aprendizaje profundo y trabajos

Mientras que algunos pueden tener miedo, "extranjeros" están robando sus trabajos, otros son plenamente conscientes de que hay un competidor más feroz viniendo de atrás: uno que no tiene color de piel, no habla ningún idioma humano, y no tiene patrimonio cultural que traer con él en la fuerza de trabajo.

Las máquinas han estado robando los puestos de trabajo de la gente desde la revolución industrial -y hasta ahora, nadie puede decir que dejar ciertas tareas en manos de la robótica no ha demostrado ser eficiente en términos de crecimiento económico y productividad general.

Pocos oficios quedan fuera del proceso de robotización pesada, y esto significa que mucha gente está perdiendo sus trabajos. Cuando el mundo ya no necesita carpinteros manuales y costureras, ¿adónde vas?

Podría decirse que los objetos trabajados manualmente tienden a ser mejor valorados en el mercado precisamente porque van más allá del proceso de mecanización. Pero aún así, no todos los carpinteros pueden ser un diseñador casero, al igual que ninguna costurera podría querer ser un verdadero diseñador de moda tampoco.

Aún más, las máquinas también se están moviendo lentamente hacia el mundo de los trabajos intelectuales. ¿Qué pasa cuando ya no necesitamos médicos, maestros, ingenieros? ¿Cuándo la inteligencia artificial será capaz de sanar, educar y diseñar sus propios sistemas sin problemas?

¿Con *qué nos quedaremos* los humanos?

Seguirá habiendo un pequeño subconjunto de puestos de trabajo, en particular los relacionados con las máquinas de programación y los relacionados con el seguimiento de su actividad. Pero más allá de eso, podríamos estar viendo un futuro sin trabajo.

Este es un debate muy pesado, porque siempre habrá gente diciendo que tenemos un largo camino por correr antes de llegar al punto en que toda la humanidad se quedará sin trabajo.

La idea de una Renta Básica Universal viene a complementar las cuestiones éticas relacionadas con dejar al 90% del mundo fuera de los puestos de trabajo. Básicamente, lo que esta idea trae a la mesa es que a todos se les debe ofrecer una cierta cantidad de dinero con una periodicidad específica si no pueden trabajar.

Sin embargo, esto no debe ser percibido como "dinero libre" y construir un sistema de este tipo puede ser realmente problemático, especialmente en los Estados Unidos, donde la seguridad social rara vez lo cubre por nada en caso de desempleo.

Hay varias preguntas relacionadas con la Renta Básica Universal (UBI):

- ¿De dónde sacarían los estados ese dinero? Algunos sugieren que las empresas que emplean la automatización completa deben pagar impuestos más altos para cubrir la Renta Básica Universal. Pero, ¿cómo es esto justo para las empresas, cómo afecta a su decisión de automatizar, y con qué se quedan una vez que despiden a todos sus empleados para ahorrar dinero, sólo para gastar más en impuestos para pagar a la misma gente sin recibir su tiempo y habilidad a cambio?

- ¿Cómo se calculan estos ingresos? Diferentes personas tienen diferentes necesidades, y podríamos, por supuesto, construir una máquina para hacer cálculos justos sobre lo que consisten las necesidades básicas de todos. Pero, ¿cómo, "básico" debe ser la renta básica? ¿Debería apenas cubrir las necesidades básicas, o se le debería permitir vivir una vida cómoda? ¿Debería darte la libertad de hacer lo que quieras y moverte como quieras?

- ¿Qué sucede con aquellos que podrían gastar este ingreso en alimentar la adicción a las sustancias? ¿Deberían ser castigados de alguna manera, o deberían dejarse gastar su dinero como quieran? Al final, nadie te castiga si quieres gastar todo tu cheque mensual en drogas, así que ¿por qué un Ingreso Básico Universal limitaría tus gastos a solo un grupo específico de gastos?

- ¿Cerrará UBI la brecha financiera entre hombres y mujeres? A pesar de la creencia popular, los estudios muestran que la mayoría de las mujeres gana menos dinero que los hombres. ¿La Renta Básica Universal cerrará la brecha, o simplemente continuará con ella?

- Desde un punto de vista feminista, ¿cómo afectará UBI a la implicación de las mujeres en la fuerza laboral? ¿Se reconocerá su trabajo en casa en "puntos" que se suman a sus ingresos?

- ¿Qué hará la gente? Si la gente ya no tiene que trabajar (porque no tiene otra opción), ¿adónde irá su energía? ¿Estarán más inclinados a tasas más altas de criminalidad o no?

- ¿Crecerá la economía? Y en caso afirmativo, ¿cuál es el máximo crecimiento que será capaz de lograr? Si no, ¿adónde nos llevará todo esto?

- ¿Qué pasa si, un día, perdemos nuestra inteligencia artificial? En ese momento, serán generaciones y generaciones en la implementación de la automatización completa, por lo que la mayoría de la gente habría perdido las habilidades básicas para hacer una amplia gama de trabajos, incluyendo medicina, ingeniería, empleos comerciales, etc.

- ¿Reducirá la Renta Básica Universal la pobreza? Pero, ¿reducirá también el número de personas que viven muy por encima de la línea? Y si es así, ¿es ético? Un enfoque de Robin Hood que, "toma de los ricos para dar a los pobres" suena romántico, pero tenga en cuenta que sistemas políticos enteros se construyeron sobre esta idea y fracasó dramáticamente (sólo el socialismo utópico de Google, por ejemplo).

- ¿La gente estará más sana? No tener que lidiar con largas horas de trabajo, sentarse o estar de pie durante todas estas horas, estrés, malos hábitos alimenticios, etc. podría hacer que las personas sean más propensas a ser más saludables. Pero de nuevo, con tanto tiempo en sus manos, ¿saldrán a correr o simplemente se sentarán frente a sus televisores todo el día?

- ¿Seguirá la gente socialiéndose? Pasamos 8,9 o más horas al día con nuestros compañeros de trabajo. Inevitablemente, esto puede llenar un vacío de socialización en nuestras vidas. ¿Qué sucede cuando se elimina esto?

La lista de preguntas puede continuar, sin fin, pero la idea principal detrás de ella es que la IA *puede* conducir a un mundo sin trabajo y que esto *puede* tener un gran impacto en toda su vida.

Aunque un futuro completamente automatizado pueda parecer muy lejano, podría estar más cerca de lo que crees. De hecho, si eres un Millennial, podrías vivir para ver que esto sucede.

Precisamente por eso es extremadamente importante que todos reconozcan la importancia de mantener estos debates *ahora,* para que podamos prepararnos para el futuro.

Esto podría no estar totalmente relacionado con su actividad como programador, pero como participante en esta industria, usted debe estar familiarizado con los problemas éticos que podría traer - incluyendo el desempleo y la necesidad de implementar un Universal relacionado con la automatización Ingresos Básicos.

Aprendizaje Profundo y el Fin del Mundo (Tal como lo conocemos)

No tienes que ser un aficionado a la ciencia ficción para darte cuenta de que la IA está destinada a cambiar el mundo - en muchos aspectos, para mejor, pero en muchos otros aspectos, para peor.

El aprendizaje profundo puede cambiar tu salud, la forma en que comes, dónde vives e incluso cómo ganas tu dinero.

Puede que el fin del mundo no llegue por bombas nucleares de IA, pero el fin del mundo como yo, tú y todos los demás sabemos que está más cerca de lo que nos gustaría creer.

¿Cuál es su papel como programador en todo esto?

¿Eres el actor de un mundo nuevo, más productivo, más saludable y más feliz?

¿O eres el presagio de las malas noticias?

Al final, creo que este es el tipo de *elección* que sólo tú tienes que tomar. Si participa en proyectos de aprendizaje automático que van más allá de lo que normalmente se siente cómodo desde un punto de vista ético, debe hacer un retiro.

Sin embargo, si participas en algo en lo que realmente crees, algo que te inspira a soñar con un mundo mejor, entonces, por supuesto, sigue con él.

El objetivo principal de este libro era el de presentarte el aprendizaje profundo y Python: qué son, cómo se pueden conectar y cuáles son tus implicaciones como desarrollador.

No estamos aquí para discutir la filosofía o las implicaciones negativas del aprendizaje automático - pero con la esperanza, este capítulo le ha ayudado a "redondear" las ideas principales detrás del aprendizaje automático y crear una vista de pájaro, uno que le ayudará a tomar la decisión correcta por sí mismo como un programador y para las máquinas que está programando también.

Conclusión

Sin duda alguna, el aprendizaje automático y el aprendizaje profundo son dos de los campos de estudio más emocionantes e interesantes del momento.

Hay, en verdad, un millón de razones para amar la inteligencia artificial en general:

1. Es la descendencia de la humanidad

2. Reúne múltiples disciplinas

3. Mejora la productividad y la eficiencia

4. Está arrancado de una película SF (y sí, esto podría ser una razón para algunos)

Hay muchas razones para temer el advenimiento de la era de la IA también - comenzando con el hecho de que viene con serias implicaciones éticas y terminando con el hecho de que nadie puede decirle hasta dónde llegará la IA y cuan, "sensible" se convertirá.

El libro en cuestión no pretendía ser un manual en Python o programación o incluso aprendizaje profundo en general - sino una incursión en el *reino* de estas materias, un viaje corto para hacerte curioso acerca de lo que Python y el aprendizaje profundo se trata , por qué se utilizan en la asociación, e incluso *cómo* se utilizan, a veces.

Sé que tomarás la información presentada aquí y la usarás lo mejor que puedas, ayudándote a crear el futuro que deseas para tus hijos, sobrinos o simplemente vecinos.

Porque, sí, como programador de datos, perteneces al futuro tanto como los robots. Esta es una gran noticia, porque significa que incluso si todo en el mundo será automatizado, sus habilidades podrían ser necesarias. Y es una gran noticia desde el punto de vista de la satisfacción laboral que obtienes también , porque a quién no le gusta ser útil y crear algo tan impresionante como máquinas que son capaces de salvar vidas, predecir situaciones financieras, o simplemente hacer entretenimiento... más entretenido?

Mi propósito con todo este libro era mostrarles que aunque el aprendizaje profundo es un tema verdaderamente intrincado y que hay *mucho* en ello, todavía puede ser parte de él si usted pone su mente en él. La programación de Python es, como lo he dicho repetidamente a lo largo del libro, uno de los tipos de programación más fáciles que puedes aprender.

Su naturaleza intuitiva y el hecho de que usted no tiene que saber cómo programar en más, lenguajes "elevados" lo convierten en un lenguaje de programación verdaderamente amigable para principiantes, incluso para las personas que no han escrito una línea de código en toda su vida.

Por lo tanto, si usted está interesado en el ámbito del aprendizaje profundo y las innovaciones fascinantes que trae a la mesa, si desea un trabajo que sea a prueba de futuro o si simplemente quiere asumir un desafío que siempre recordará, Python es para usted. Aún más, Python para el aprendizaje profundo es para usted también, incluso si usted tiene cero experiencia en la programación.

Con suerte, me las arreglé para infundir curiosidad en ti mostrándote lo simple que puede ser Python, mostrándote de qué se trata la inteligencia artificial, y mostrándote claros ejemplos de cómo se usa la IA en aplicaciones cotidianas sin que ni siquiera lo sepas.

Tal vez aún más importante, espero haberte ayudado a entender que la IA y el aprendizaje profundo no son malos (o al menos no inherentemente), y que hay cuestiones éticas importantes que todos deberíamos discutir antes de que sea demasiado tarde de ninguna manera.

Hay, por supuesto, muchas otras cosas que podrían haber sido discutidas, comenzando con las complejidades reales de Python y terminando con las cuestiones éticas que surgen recientemente. Lo que quería hacer es cubrir lo básico: las cosas que deberías saber absolutamente cuando empiezas a mostrar interés en este increíble campo de la ciencia.

Porque, sí, el aprendizaje profundo es una ciencia en este punto. Puede haber sido ficción a principios del siglo XX y puede haber sido vista como delirante hacia mediados del mismo siglo, pero hoy, en 2019, el aprendizaje profundo es tan real como se pone.

La inteligencia artificial es, sin el más mínimo rastro de duda, la última frontera en las ciencias computacionales artificiales. Es el objetivo final el que podría ayudarnos a vivir más y más felices, el que podría ayudarnos a encontrar una solución al hecho de que no podemos exceder la velocidad de la luz, el de ayudar a la humanidad a tomar decisiones basadas no en emociones y corazonadas , pero en datos sin procesar.

Claro, esto viene con sus caídas, como se discutió en el último capítulo de este libro.

Pero si estás listo para aceptarlo todo, estás listo para enfrentar el futuro con la sonrisa más grande posible en tu cara.

Si estás listo para abrazar Python incluso como un principiante completo, eres un alma atrevida que merece ser parte del increíble futuro que estamos construyendo en esta industria.

Si usted está listo para abrazar el aprendizaje profundo no sólo como un simple usuario, sino como un programador que se encuentra detrás de las obras internas de estas redes neuronales, usted es un verdadero pionero en el gran esquema de las cosas.

Esperemos que mi libro aquí haya inculcado todos estos sentimientos en usted - y le ha hecho hacer todas las preguntas importantes también.

¿Qué sigue?

Ponte e imprégnate del tema, aprende sus conceptos básicos y comienza a codificar. Al igual que montar en bicicleta, los programas de escritura para el aprendizaje automático no pueden suceder sin esos primeros pasos incómodos, así que manténgase optimista, borre, vuelva a intentarlo, borre de nuevo y luego vuelva a intentarlo una vez más.

El futuro está al alcance de tu mano.

¡Utilíctelo sabiamente!

Referencias

PEP 20 -- El Zen de Python. (2019). Obtenido de https://www.python.org/dev/peps/pep-0020/

Stack Overflow Developer Survey 2018. (2019). Obtenido de https://insights.stackoverflow.com/survey/2018

www.ingramcontent.com/pod-product-compliance
Lightning Source LLC
LaVergne TN
LVHW051240050326
832903LV00028B/2482